仕事はここまで削減できる！

学校改革スタートブック

大分大学教育学部附属小学校
時松哲也・山田眞由美 著
西川純 編集

JN012692

学陽書房

CONTENTS

第2章　なぜ改革できたのか？……81

第3章 あなたにもできる！ ここから始める学校改革……135

序　章

学校の仕事は
ここまで
減らせる！

働き方改革を進めるために何が必要なのか？

いま、教師の働き方が問われている

いま、教師の働き方改革は待ったなしの状況に来ています。

「教員勤務実態調査（２０１６年度）」によれば、厚生労働省（厚労省）が定めている「過労死ライン」に達する教員が６割近くを占めていました。小学校でも３割強の教員が「過労死ライン」を超えています。事実、過労死する若い教員のニュースはまれなニュースでなくなっています。

私は、教員としての学びは学校現場で、先輩と子どもから学ぶところが大きいと思っています。先輩と子どもに恵まれれば、徐々に教師として成長できます。

しかし、過労死レベルの職場は、その教育力を失っています。結果として正規採用された新人が1年も経たずに辞めていきます。新規採用の年を思い出してください。死ぬほど忙しかったと思います。特に連休までは何が何だかわからなかったと思いませんか？　少なくとも私はそうでした。その中で生き残れたのはなぜでしょうか？私の場合はひとえに先輩に恵まれたからです。

しかし、いまは、中堅、ベテランでも、過労による精神疾患、身体の不調により休職者が増加しており、そこまでいかずとも先輩教師自身も業務過多に追い詰められ、新任教師に手を差し伸べられない状況が生まれています。その結果、1年も経たずに辞める教師が増加しているのです。そして、本当の危機的な状態を引き起こしているのは、辞めた教師の補充が効かないという点です。

昔ならば、欠員がいても直ぐに補充できる非常勤講師の待機者がかなりいました。ところが、いまは志望者減で倍率も下がり、教師になりたいと思っている人はすぐ正規採用され、その思いが強くない人は地方公務員や民間に流れます。だから、欠員を埋める人がほとんどいなくなっています。いま、多くの小学校で途中退職者の欠員を埋めるために教頭や教務主任が担任になるケースが増えています。さらに、欠員が生まれれば、２つのクラスを同時に大きな教室で教えたり、２つのクラスで「渡り」をしたりして担任するケースも生まれています。

中学校、高校の場合は学級担任の欠員は埋められるだけのスタッフはいます。ところが、家庭科や技術科のように教員の数が少ない教科の場合、その教科担任を確保できず半年間授業を出来なかったケースも生まれています。私の知っているケースの場合、退職者に頼み込んで綱渡りでやっている状態です。

学校現場が大変になった本当の原因

ベビーブームなど日本の子どもが増加していく時期には、学校規模は拡大し、一つの学校に配属される教員数も増えました。最低限の事務処理量は学校規模が大きくなっても、それに比例して増えるわけではありません。だから、相対的に余裕がありました。そこで「子どものため」に本来は教員の仕事でない仕事までするようになりました。

しかし、子どもの数が減り、学校規模は縮小し、一つの学校に配属される教員数も減りました。最低限の事務処理量は学校規模が小さくなっても、それに比例して減るわけではありません。だから、相対的に余裕がなくなります。ところが「子どものため」に本来は教員の仕事でない仕事を減らすことはしません。夜遅くまでの部活指導も、保護者からの要望が強く、なかなか減らしてもらえないと嘆く教員も少なくありません。「部活命」ではない教師にとっては、夜遅くや土日も含めて勤務を要請される部活の顧問・副顧問という仕事は、過労死につながる残業でしかないのです。

残念ながら過去の多くの管理職は、自分が責任を負っている2、3年が事なきを得ればよく、利害関係者を説得して仕事を減らすということから逃げたのです。その無責任が、いまの日本の教育の危機を招来しました。

こうした事態を踏まえ、文部科学省は中央教育審議会において「学校における働き方改革部会」を開き、「新しい時代の教育に向けた持続可能な学校指導・運営体制の構築のための学校における働き方改革に関する総合的な方策について（答申）」「公立学校の教師の勤務時間の上限に関するガイドライン」（平成31年1月25日）を発表しました。

しかし、さまざまな子どもや保護者の存在に直面しながら実際の現場の働き方改革を進めていくということは、どの自治体や学校にとっても難しい課題です。こうした中で、学校における働き方改革において、私が驚嘆するほど最も先進的で、充実した改革を行っている学校があります。

大分大学教育学部附属小学校です。

大分大学教育学部附属小学校の驚天動地な改革

大分県の公立小学校に勤める時松哲也教諭が現職派遣教師として上越教育大学教職大学院の西川ゼミに所属したのは平成25年度から平成26年度のことでした。そして修了して戻された先が大分大学教育学部附属小学校でした。そして、大分大学教育学部附属小学校の改革に最初から関わることになりました。

彼から聞いた附属小学校の改革の内容は、私にとっては驚天動地の連続です。

みなさんも附属学校といえば不夜城と思いませんか？　附属学校に配属されれば家族の時間を犠牲にしなければならず、附属学校への配属を嫌う教員が多い。かつて附属学校に勤めた先輩たちは教育委員会の要職を占めています。その人たちの積み上げた研究の流れを変えるのは困難です。

だから時松さんから話を聞くたびに「おい、そんなことできるの？」「先輩たちはどう言っているの？」「保護者から反乱が起こらない？」「教育委員会は本当にこの方向を認めているの？」と疑問をぶつけます。つまり、命令できない、いや、命令したときに利害関係者からの反発がものすごいことが予想できるからです。

しかし、それらの改革は県教育委員会の明確な意思と計画、また、歴代の校長のリーダーシップによってなさしめられたことがわかるようになりました。

「ありえない」を実現した働き方改革

大分大学教育学部附属小学校では7時15分以前には登庁不可、18時45分完全退庁完了、土日は完全閉庁としました。

これを成り立たせるために、

「民間教育研究団体事務局の辞退」

「各学年の年度末文集を6年の卒業アルバムのみとする」

「自作テストを単元テストの購入に移行」
「手書き通知表、出席簿を電子化」
「通知表を年3回から2回（前後期制へ校則変更）」
「提案文章を原則ワンペーパー」
「長い会議の精選」
「教員が集金していた行事写真をネット販売」
「学級通信を学年通信で統一」
「お茶当番廃止」
「3年宿泊行事廃止」
「修学旅行3泊から2泊へ」
「教科研究室廃止」
「全校で毎日取り組んでいた日記を国語の単元や行事に合わせた指導に移行」
「分厚いＰＴＡ懇談資料の項目を統一してスリム化」
「家庭訪問を三者面談に変更」
「夏期休業中に全員一斉で変形労働休のまとめどり」

「新聞委員会作成の毎日発行新聞を月に1回程度発行へ」

「難しい保護者対応は教務が対応する」

を断行しました。また、職員会議を廃止し、経営会議（校長、教頭、主幹教諭、指導教諭）を毎日開催し、重要案件は迅速に対応し、1～2週に1回の運営委員会と職員連絡会を実施しました。

教頭一人に業務が過度に集中しないように、管理部は主幹教諭が統括し、指導部は指導教諭が統括するようにしました。教頭の業務を整理・分担することによって、教頭が全体を俯瞰的に見て適切に指導できるようにしました。

私が大分大学教育学部附属小学校の改革の内容を聞いて、頭がクラクラするのがおわかりでしょう。しかし、以上は「見出し」にしかすぎません。

私は本当の意味での働き方改革がいかなるものかを一人でも多くの人に知って欲しいと願います。そして、大分大学教育学部附属小学校のような改革が全国に広がることを願います。前置きは、これぐらいにして汗をかいた方々に筆をバトンタッチします。

（西川純）

第1章

「できるわけがない」をやりとげた大分大学教育学部附属小学校の学校改革！

1　なぜ改革を始めたのか？

大分大学教育学部附属小学校は１８８３年に設立された学校です。

この学校が変わったのは、本当に、変わるしか生き残る道がない、そうしたギリギリの覚悟を関係者が共有するところから始まりました。

以前は連日、不夜城だった職場が、現在は18時45分までには全職員が退庁します。

大学附属校ですが独自研究をもとにした公開研はやりません。

大学附属校ですが民間教育団体事務局は引き受けません。

県の唯一の大学の附属小学校が、そのような業務改革を行いました。

ほかにも多くの業務改革を成し遂げました。

そのようにしなければ、異動希望者もなく、存続が難しい状況に追い詰められたからです。

いま、学校の働き方改革が叫ばれ、２０１９年12月には変形労働時間制の導入のための法改正も可決され、あらゆる方向からのさまざまな動きの中で、結局のところは、現場が現場自身で変えていかなければとても立ち行かない。全国の教育現場もそういうギリギリのところに来ていると思います。

自分たち自身で自分たちの職場や働き方を変えていくしかない。

自分たちの考えから、まわりに働きかけて変えていくしかない。

それしか、生き残る道がない。

そこまで来ていることを自覚して、変えられるところから手をつけて変えていく。

そういう覚悟が、どの学校にも求められている時代になってきていると感じています。

そして、私たちはその覚悟をもとに、おそらくは、現段階では、ほかの学校ではなかなか手をつけないようなことにまで改革の手を入れ、保護者やＰＴＡにも顔をつきあわせての話し合いをもとに理解を求め、不退転の覚悟で多くの業務を整理し、スクラップしていきました。

本校は、たまたま、ほかの日本全国の多くの学校よりも先に、どうにも立ち行かないというところに行き着いたために、変わらざるを得なかったのです。

改革前の附属小学校はどのような状態だったのか

附属学校と聞くと、読者の方はどのような印象を持たれるでしょうか。研究校・伝統校・教育実習校というようなイメージでしょうか。それとも、深夜まで明かりが灯る不夜城のイメージでしょうか。

大分大学教育学部附属小学校も、数年前まではこうしたイメージとあまり変わらない学校でした。

研究に邁進し、分厚い研究紀要にまとめ、よかれと思う教育活動が次々に積み上げられていき、教員の業務は勤務時間をはるかに超えていました。問題解決学習に重きを置いた研究で附属小学校の子どもたちの力を大きく伸ばしました。しかし、歴代の附属小学校の職員が目の前の子どものために努力すればするほど、地域の教育課題や公立校で必要とされる研究とはズレが生じていました。

そして、年次制と業務過多のために、この状態が止められなくなっていました。

附属学校独特の慣習として、その学校に在籍している年数（年次）により発言権や影響力が大きくなっていました。これは年齢や教職経験を上回って作用し、場合によっては管理職の意向さえも影響を受ける程に強力でした。歴史ある附属小学校だったら継続的な研究を積み上げています。その事をよく知る教師の意見を尊重するのは当然のことです。大分大学教育学部附属小学校も例外ではありません。

研究主体の学校であったため、それまで築いてきた成果が大事にされ研究成果が守られてきた半面、年次の上の者の発言や取組は絶対視され、これまでやってきたことに異を唱えることや見直しに着手することは非常に困難になっていました。

自然と前例踏襲が当たり前となり、さらに新しい業務も増えるため、業務内容はパンパンになっていきます。年次が上の教員が帰るまでは帰れず、年次が上の教員が土日に出勤すれば出勤しなければならないという忖度が働きます。行事や研修・授業計画・指導案審議等の日常の業務も年次が上の教員のＯＫが出るまで前に進められません。

誰一人手を抜いていたわけではありません。むしろ、一生懸命に築いてきたものを守ってきていたのです。

結果として附属学校には、労働者である教員にとっては恐ろしいほどの膨大な業務

職員を追いつめる厳しい状況

量がありました。やれるだけやる終わりなき研修をはじめに、毎日の日記指導・毎日発行される学校新聞・毎週1コマの委員会活動・自作テスト・6年間続く学年独自の特別活動・先輩教員の徹底指導による新人研や個人研・年次論文・公開研・分厚い研究紀要作成・民間教育団体の事務局の仕事等々の、ざっと挙げるだけでもこのような業務が附属小学校の先生方の肩にのしかかっていました。

　このほかにも、前例踏襲による多くの独自行事とそれに伴う膨大な準備等に多くの時間とエネルギーをかけていました。こなしてもこなしても終わらない仕事が目の前に広がっている状況でした。

この状態は多くの附属学校で起こっていることです。

昔は附属学校の教員に選ばれることは教育実践力を認められたことであり、名誉でもありました。しかし、ワークライフバランスを大事にする世の中になるにつれて、辞退者が増えるようになりました。人脈を通じての説得で異動を実現していましたが、附属小学校の現状が知られるにしたがって、それすらも困難な状態になりました。

人事と労務管理を担当する県教育委員会は、附属学校を存続するのか廃止するのかの議論も含め、その決断を附属学校に迫るほどの事態となりました。

ところが、この切羽詰まった状況の中、県教育委員会はこのピンチをチャンスに転じる積極的な判断をします。大分大学教育学部と大分県教育委員会で最後のチャンスというべき協議が行われ、両者の間で「附属刷新プラン」という起死回生の方向性が打ち出されるのです。

この「附属刷新プラン」こそが大分大学教育学部附属小学校の改革の原点であり、改革初年度以降の附属小学校校長と経営会議のメンバーが学校改革の拠り所としたものです。

「附属刷新プラン」はA４判１枚の極めてシンプルなものでありながら、これまでの附属学校のイメージからはかけ離れた（ほど遠い）ものでした。しかしながら、学校のあるべき姿としては真っ当な内容でもありました。このプランのもと、これまでの附属学校の前例を参考とするのではなく、求められている学校へとゼロベースでの取組を始めることとしたのです。

附属刷新プラン

大分県教育委員会と大分大学教育学部が打ち出した「附属刷新プラン」は大きく３つのことを求めています。

① 大分県が推進するグローバル人材育成
② 業務改善
③ 地域教育への貢献

の３つです。

ざっくり言うと、業務改善を行い、外国語教育を足がかりに県の求める授業改善を進め、実践事例を公立校に使ってもらえるように提案することをめざすものです。

一見、当たり障りのない言葉に思われるかもしれません。

しかし、この3つのプランを「実行」することは、激変とも言うべき凄まじい改革でした。

①のグローバル人材育成は、大分県教育委員会が打ち出した「大分県グローバル人材育成推進プラン」（平成26年10月策定・平成30年5月第2ステージ策定）をもとにしています。

②の業務改善が、まさに大鉈を振るう改革でした。いまでこそ働き方改革という言葉が普通に認識されその機運が高まっていますが、改革初年度の平成27年度頃はまだ仕事を減らすことは許されない風潮がありました。

ましてや附属学校です。「不夜城」「提灯学校」と言われ、業務のために長時間勤務や休日勤務は当たり前とされ、長時間残業を問題にすることはむしろタブーとされている感さえあったほどです。

しかし、大分大学が国立大学法人化されたことによって、附属学校は労働基準局の監督下に置かれることとなりました。つまり労働基準法に則した働き方に即刻改めることとなり、即時に業務を減らしていかなければなりませんでした。

③の地域教育への貢献は、これまでの附属独自の研究を改め、大分県教育委員会の施策に沿った研究にシフトすることでした。我々は県が出す施策に基づいた組織改革や授業改善をまずは愚直に実践していくことにしました。施策という2Dを実践という3Dにして示し、公立校に普及しやすい形で提案していこうという方向転換をしたのです。

2 改革のために組織を完全に改変した

物事を進めるためには、個人プレーではうまくいきません。ベクトルをそろえメンバー全員で知恵と力を出し合い支え合ってこそ成果が得られるはずです。そのためには、校長のリーダーシップとそれを支える組織が必要です。

しかし、多くの学校で組織編制が十分整っていません。大分大学教育学部附属小学校も同様でした。特に年次制が幅をきかせていては、短いスパンで異動する大学教授の校長の意向より、いままでの附属小学校の継続・発展を大事にする長年勤務している教員の意向が強く作用します。

そこでまず年次制と業務過多と組織の機能不全に大きなメスを入れることになったのです。

組織の機能不全へのメス①　年次制撤廃！

まず手を付けたのはメンバーの刷新です。2年かけて半数ずつの教員を他校に異動させ、改革3年目には新しく入ってきた人が大半を占める学校に生まれ変わりました。

その上で、校長を県内の教員人事の中で任命し専任・常駐とし、校長主導で各自の持つ力を発揮できるように年齢や経験、適性をもとに適材適所の考え方で配置をしていきました。新しく赴任した教員でも経験を買われ主幹教諭・指導教諭・教務主任・研究主任等へと充てていきました。

組織の機能不全へのメス②　経営会議と運営委員会

同時に、校長のリーダーシップを発揮できる組織へと改編を行いました。校長・教頭の管理職の下に、校内の管理部門を統括する主幹教諭と、教員の研修・児童の指導等の指導部門を統括する指導教諭を位置づけ、一定の権限と責任を委譲しました。この二人と管理職（校長・教頭）とで構成する経営会議を毎日開催し、校長の方針をスピーディーに具現化し、懸案事項へ即応できる体制を整備しました。

ほとんどの案件はこの経営会議で方向性を決めていきますが、もう少し幅広く意見を聞きたいときなどは2週間に1回程度開催される運営委員会で話し合います。

運営委員会は経営会議のメンバーに加え主要主任等（教務主任・研究主任・学年主任・保健主事）で構成されています。運営委員会では、審議のほかに学年主任等から、よりよい学校運営について進言を受けたり人材育成について情報交換がなされたりするなど、まさに学校運営について当事者意識を持った委員による会となっています。

意思決定プロセスに改めたことで長年慣例となっていた全職員による長時間に

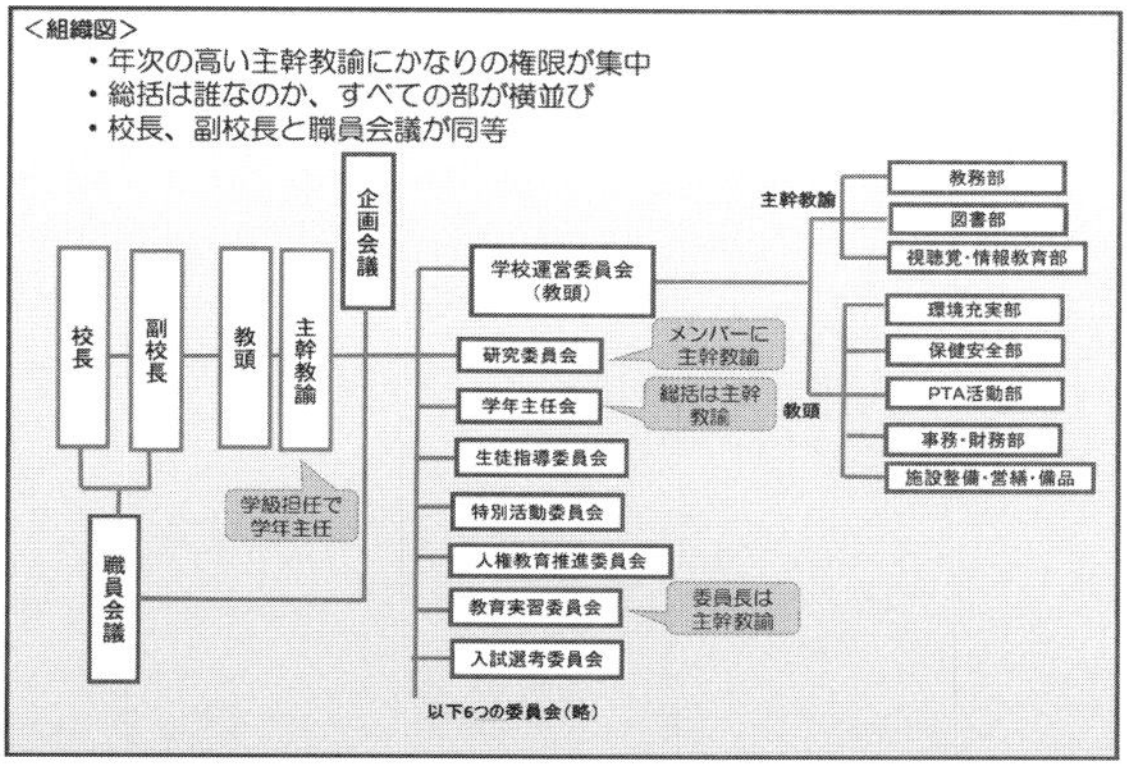

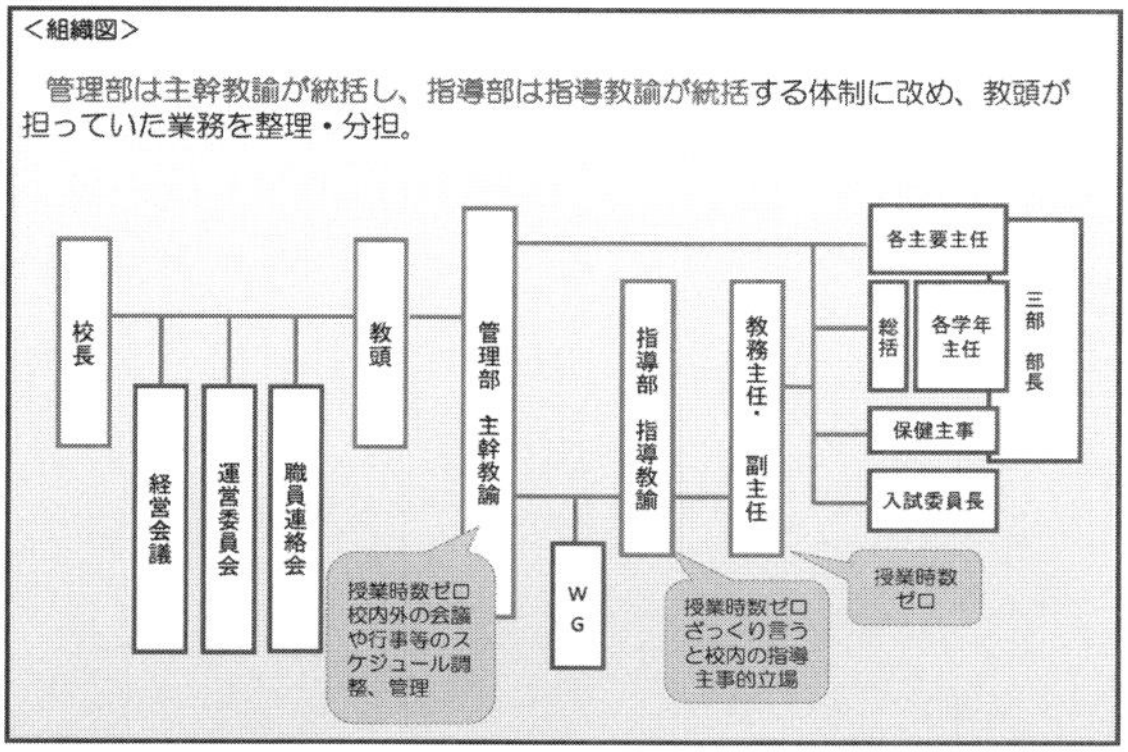

わたる職員会議をなくしました。これにより、運営委員会に参加しない若手教員等は会議に拘束されずに学級事務や教材研究に充てる時間を確保することができました。

このような組織改編は、大分県教育委員会の「芯の通った学校組織」という施策を参考にしました。文部科学省から出向していた佐野壽則教育改革・企画課長（平成24年度～平成27年度）が主導したこの施策は、学校一丸となって学校改革に取り組もうとする我々大分大学教育学部附属小学校にとって大いに示唆に富んだ内容ばかりでした。ゼロからの改革にせずモデルを取り入れることでスピーディで効果的な取組となりました。こうした先進事例から学び取ることを不断に実行しました。

「芯の通った学校組織」の取組　第1ステージ（平成24年度～28年度）大分県教育委員会
http://www.pref.oita.jp/site/kyoiku/2000366.html

3 伝統も含め、業務を削減することを決断・実行

改革は待ったなし。組織改編後の第一歩は、「やめる」「減らす」ことでした。大分大学教育学部附属小学校にはパンパンな業務がのしかかっていました。まずはこれを減らさねばなりません。

学校のさまざまな活動の中に「大切でないもの」はありません。しかし、事ここに至り、伝統として大事にされてきたものも含めて、あらゆる業務を一切の聖域なく、7つの視点で見直しました。

①子どもの肉体的、精神的負担になっていないか
②年間の授業時数内でできる活動であるか
③法令上守るべき内容を逸脱していないか
④教員の超過勤務になっていないか

⑤教員の負担過多で子どもと過ごす時間を奪っていないか
⑥教員の精神的負担過多及び人材育成の妨げになっていないか
⑦ＰＴＡ活動が会員の肉体的、精神的負担になっていないか
この視点をもとに、多くの事柄をほぼ1年の間に見直しました。

①子どもの肉体的、精神的負担になっていないか

ビフォー	アフター
3年生以上2泊3日の宿泊体験	⬇1泊2日とし、3・4年生はなくす
5年生3泊4日の修学旅行	⬇2泊3日とし、6年生へと変更

子どもたちのためとしながら、実際は子どもたちの負担が大きいものもたくさんありました。特に宿泊を伴う行事は子どもの発達段階から見ても大きな負担となっていました。

３年生は６月頃に２泊の合宿を行っていましたが、低学年から進級したばかりの児童の多くは自分で荷造りができずに、自分が何を持ってきているのか、カバンのどこに入っているのか、わかっていない状態でした。

現地では、必要なものを自分の持ち物から探し出すことができなかったり、荷物の出し入れや身の回りの始末を教師に頼りきったりする姿や、夜になると一人で寝られずしくしく泣き出す児童が少なくないなど、現地での体験学習以前の課題が多く見られました。

他の公立学校では実施しない３年生の合宿などへの見直しをかけることで、残念がる保護者や児童がいた一方で、ほっとした保護者や児童もいました。

②年間の授業時数内でできる活動であるか

ビフォー	アフター
卒業生を送る会（第二卒業式のような大がかりな会）	⬇廃止

毎週の委員会活動	⬇月1回
新聞委員会作成の毎日発行新聞	⬇月1回程度
特別活動として6年間連続で行う学年独自の取組	⬇廃止

本校の新聞委員会は新聞を毎日発行していました。ありえないと思う方も多いと思いますが、新聞の毎日の発行は伝統と言われるほど長い間続けられ、新聞委員会の児童も誇りを持って取り組んでいました。

しかし、この新聞委員会の担当職員は、朝の時間、休み時間、放課後の大半の時間を使い、編集会議や誤字や表現チェック、全校児童分の印刷に追われます。

新聞委員会の児童も同様に休み時間や放課後の大半の時間を新聞作成に追われ、書き忘れたり、持ってくるのを忘れたりしたら、下校後に保護者と改めて持ってくることもありました。

これを毎日から月1回発行へと見直し、担当職員、担当児童の負担は激減しました。

③法令上守るべき内容を逸脱していないか

ビフォー	アフター
各自に任された勤務時間	➡7時以前には登庁不可 19時完全退庁完了 ※令和元年度より7時15分前には登庁不可 18時45分完全退庁完了
休日出勤	➡禁止

教育の仕事におそらく限りはないでしょう。しかし、日本の教員の労働時間は過労死ラインを超えています。大分大学教育学部附属小学校はさらに「不夜城」だったので、労働基準法が適用される国立大学法人として法令遵守のため、即刻、長時間残業をやめる必要がありました。

できなければ、大分大学教育学部附属小学校には次のチャンスはないと覚悟を決めていましたから、勤務時間の外枠を決め、最長で7時から19時（現在は7時15分から18時45分）までとし、19時に完全施錠することにしました。

18時45分に退庁を促す定時放送が流れ、教務主任や主幹教諭・教頭が鍵を持ってあらゆる場所を施錠して回り、エアコンを切り、機器の電源を切り、消灯します。そして19時になると警備サービスを作動させて、学校から人の姿は消えます。

こうなると、教員の動きは変わらざるを得ません。教員は学校でしかできないことを優先的に片付けるようになりました。

学年の打ち合わせや各部での協議も密の濃いものになっていくのがよくわかりました。学年主任や各部の部長は事前によく練った提案をし、効率よく話し合いを進めます。若手教員も時間を意識しながら先輩教員に相談するようになりました。

もちろん、当初は強い戸惑いが生まれましたが、意図を理解した学年主任たちが困惑する若手教員の話を親身に聞きながら必要性を必死に説きました。組織改編をして主任が同じベクトルで責任ある仕事をするからこその動きです。

そして、この勤務時間の外枠を決めたからこそ、次の④～⑥を見直すこともできたとも言えるのです。

業務削減（スクラップ）の結果として勤務時間短縮を図る方法もありますが。実現困難と感じます。業務削減という文化に馴染みのない学校では、教員自身ががんばることで乗り切ろうとしてしまいます。これでは結果「従来通り」になりかねません。

④教員の超過勤務になっていないか

ビフォー	アフター
音楽担当教諭のコーラス部顧問	➡廃止（コーラス部保護者が指導者を募集）
各学年の年度末文集	➡廃止（6年卒業アルバムのみ）
分厚いＰＴＡ懇談資料	➡全校で項目を統一して2～3枚程度

各学年の年度末の文集は、前例踏襲で作成すること自体が目的化し、書く時間や、誤字脱字チェックにかなりの時間を要していました。

何より印刷に時間がかかります。１頁の印刷に５分かかったとして、１００頁の文集はそれだけで7時間程度かかります。そして、文集作成時期は、各学年が重なります。

現在、本校には印刷機は３台ありますが、それを駆使しても勤務時間内に全学級が文集の印刷を終えることは物理的に不可能です。職員は土日に出勤せざるを得ません。超過勤務なしにできない取組だったので全校でやめることにしました。

⑤教員の負担過多で子どもと過ごす時間を奪っていないか

ビフォー	アフター
自作テスト	➡単元テストと全国的な標準テスト購入
学級、学年集金の煩雑な教員負担	➡教務主任がとりまとめ、支払いは附属事務室
文章が多く要点がわかりにくい提案文書	➡原則ワンペーパー

手書き通知表、出席簿	➡電子化
家庭訪問	➡廃止（3年生以上は学校にて三者面談） ➡令和元年度より全学年学校で保護者面談
通知表年3回（三学期制）	➡2回へ（二学期制へ）
長く多い会議の精選	➡経営会議や運営委員会で決定 ➡提案する内容は事前に、決定事項はすぐに紙面で全職員に周知
全校で毎日取り組んでいた日記	➡廃止 （行事に合わせた「成長ノート」で指導）
教員が集金していた行事写真	➡廃止（写真を扱う業者がネット販売へ）
夏季休業中の勤務	➡夏季休業中に一斉閉庁日を設け確実に休む

学級通信	⬇学年通信のみ発行で統一。2週間に1回程度の発行。

会議等で出す文書は端的にわかるようにワンペーパーで示すようにするとともに皆が理解できるように提案文書の基本形も揃えました。

現在では、提案者は提案事項が終わったら、その都度担当が総括し、次年度の担当がほぼ提案できる状態にまでしたものを残します。初年度は大変ですが、次の年からの提案は小さな修正だけですみます。何より反省点が生かされます。

日記の取組をやめる時には、職員からの反発も多くありました。児童の書く力が落ちるのではないか、日記から得ていた児童の様子がつかめなくなるのではないかという心配からくるものでした。

前者については、大分大学教育学部の国語科の堀泰樹教授にご指導をいただきました。「書くことの力は国語科の書くこと領域の時間に取り組めばよい。日記によってつけようとしていた書く習慣や正しく記述する力は連絡帳や他教科の振り返りの記述などでつければいい。」と、専門的な見地からのご助言は説得力がありました。もちろん、書くことの単元での学習中は、家庭学習と連動することはありますが、授業の中で、しっかり書く力をつけていくことが第一であることに改めて気づかされました。

また、児童の様子の把握については本校の職員から出された次のような意見にみんな納得しました。

「子どもの日記を読むことで休み時間や給食準備時間、給食時間などをほとんど使います。実際に児童と会話し、目を見て話すことができません。日記を読むよりも児童と向き合う時間がほしいのです。」

現在では、教育実践家・菊池省三先生の実践を参考にした、「成長ノート」を月に1回程度で全校で取り組んでいます。月に一度、学年の取組や学校の行事の前に「どんな力をつけたいか」「それはどうしてか」「そのために努力することは何か」などを書き、取組や行事が終わったらそのことについて振り返ったことを書くようにしています。

この取組は「自分の成長をメタ認知し、自己肯定感をあげること」が主な目的です。

目的と取り組み方を変えたのです。

⑥教員の精神的負担過多及び人材育成の妨げになっていないか

ビフォー	アフター
年次制	↓廃止
ＯＢの介入	↓廃止
同人会（ＯＢ会）の半強制的に加入	↓廃止
年次による個人研究	↓廃止
教科ごとの研究室	↓廃止（相談室や小会議室、印刷室等に）
1年次教員によるお茶の準備や会議の会場づくり	↓廃止（各自で）
民間教育団体の事務局	↓廃止（県教育委員会の指導と協力で、県内の部員に事務局を移譲）

対応の難しい案件への担任の個人対応	職員個人の連絡先の保護者への公開
➡教務主任が窓口となり組織で対応	➡非公開（緊急時のみ学校用緊急携帯電話対応。令和元年度より緊急時は学校事務室が対応）

学校において、多大なエネルギーを費やしてしまう業務に各種の外部対応があります。保護者対応を含めたこの外部対応は、多くの場合、基本的に担任や担当個人に委ねられることになります。しかし相当に困難な案件を担任が学校や自宅を問わず対応していると、担任が参ってしまいます。

業務削減をいかに進めても困難な案件の対応を24時間体制で受けさせている状況では教員たちの業務過多は解消しません。

そこで、職員個人の電話番号の公開をやめました。基本、学校にいる19時（現在は18時45分）までの対応にしました。これにより担任は夜間・土日の対応をすることがなくなりました。

緊急時への対応としては、学校用に夜間休日専用の緊急携帯電話を1台契約し、管理職及び担任以外の教員が輪番で持つようにしました。緊急時の想定は、児童が命に関わる事故に遭ったケース等です。これも暫定的な措置で、令和元年度より附属学校事務室が対応することになり、学校用夜間休日専用緊急携帯電話は廃止となりました。

また、担任・担当個人へ任せきっていた対応を、早い段階から組織対応にしました。どのようなケースでも担任は最低でも学年主任とは情報を共有し、必要に応じ指導やアドバイスを受けます。これだけでも若い教員や異動してきたばかりの教員は心強いようですし、ぶれない適切な指導につながりました。

教員も人間ですので、思い違いや確認不足等で対応が不適切な場合もありますが、その際は、学年主任から指導教諭を通じて経営会議での協議事項に上がり、学校全体での見守り態勢が敷かれます。経営会議のメンバーも助言を行います。学年主任は、該当案件について経緯の説明や場合によっては謝罪を行い、今後の方針を示し理解を求めるようにします。

それでも解決しない問題は、校内で管理職と指導教諭・教務主任等で組織した対策委員会を立ち上げ、事実確認と状況の整理を再度丁寧に行い、今後の方針を立てます。学校としてできることとできないこと等もしっかりすり合わせ、統一した対応をとります。方針の下、教務主任が対応の窓口として丁寧に繰り返し説明し理解を求めるようにします。たとえ平行線でも、粛々と方針通りに対応し、教務主任が対応を続けます。管理職等へつなぐよう要求されても丁重にお断りします。

対策委員会で確認した方針を貫き通すことが、長期的に学校全体の信頼を得ることにつながります。

ビフォー	アフター
「教育実践」冊子作成	➡廃止
公開研究発表会	➡県の教育課題に応える指定検討会 ➡教科を絞りセミナーとして実施

公開研究会を催し、各教科の研究の発表をする場を設けていましたが、現場のニーズ等も踏まえ、当面はやめることにしました。教科の研究については、大分県教育委

員会が開催している教育課程研究協議会に各教科のレポートを出させていただく形をとっています。

また、公開研究会に変わり、教科を絞って「セミナー」という形にして実施しています。ともに学びましょうというスタンスです。同時に、分厚い研究冊子を作成することもやめました。

参加者の立場で考え、本校のセミナー等では「あいさつ」はありません。主催者もそうですが、来賓の方にもあいさつはお願いせず、最後に指導助言者からの講評という形のみにしています。

これは、参加された先生方には大好評です。

⑦ＰＴＡ活動が会員の肉体的、精神的負担になっていないか

ビフォー	アフター
文化部	➡廃止

研修部の学年独自の取組	➡廃止

従来のＰＴＡ活動のうち12項目廃止、４項目縮小。活動内容を見直し，新たに男性保護者の会と体育部を立ち上げました。

ここまでの業務削減は、文字にしてみればただそれだけのことに見えるかもしれません。しかし、渦中にいる者たちにとっては、子どもや保護者に納得してもらうまでの話し合いが必要であったり、ときに職員同士での激論もあったり、それこそ昨日まで いた世界とまったく違う世界に挑むような、大きな激変でした。

この業務削減の激変を支えたのが、子どもとともにつくる教育への取組でした。

4 新しい教育の取組を始める！

公立校の役に立つ取組か

スクラップで行事や業務に空き容量をつくり出すとともに、並行して県との約束である「附属刷新プラン」と附属の使命を果たすために学部や県と連携した取組を行いました。いわゆる「ビルド」にあたる、子どもとともにつくる教育への取組でした。

平成20年の大学改革以降、大分大学教育学部は地域の教育課題に応えていく道を選択しました。ですから本校も、大分県の教育課題の具現化という視点、言い換えると「公立校の先生の役に立つ取組か」という視点で取組を精査しました。

学習指導要領に基づき、公立校で用いられやすく、しかも質の高い実践に取り組むようになりました。また、児童が主体的・協働的に取り組み、学びやすいことも意識しました。

合い言葉は【安心】【活力】【発展】

その頃、大分県では長期総合計画のキーワードとして【安心】【活力】【発展】が示されていました。それが大分県の教育課題ともぴったり合っていたので、それを合い言葉として取り組みました。取り組んだ内容は大きく4つです。

①児童が【安心】して学校に来られるような生活指導、学級経営の取組。
②児童の【活力】につながるような外国語の授業と大分県教育委員会の進める「新大分スタンダード」による授業実践。
③【発展】として「大分」をテーマとした総合的な学習の時間の取組。
④教育実習の大改革（人材育成）。

こうやって並べてみると、教育実習以外は何か特別なことを「ビルド」したわけではないということがわかっていただけると思います。公立の学校現場で当たり前のことを附属でも徹底して取り組んでいきました。

【安心】は、掃除から

児童が【安心】して学校に来られるような生活指導、学級経営の取組として、最初に取り組んだのは「あいさつ」「掃除」「トイレのスリッパそろえ」です。改革に着手した平成27年度ではこの3つが運営委員会での話題の中心でした。

普通は学校現場で運営委員会というと、行事の提案や段取りなどを話すことが多いと思うのですが、改革初年度はこの3つが会の大部分の時間を占めました。この3つは新たに「ビルド」というよりは、取組の徹底や改善と言った方が適切かもしれませんが、前からいた職員にとっては方針の転換は精神的な「ビルド」だったと思います。

特に、「掃除」には当時の土谷陽史校長の強いこだわりがありました。こだわりというより校長の教育観とも言い換えられると思います。

掃除の徹底は、運営委員会で期限と目標、方法などを決めました。例をあげると、期限……6月末までに

目標……学年の児童全員が一生懸命取り組むことができるようにする
方法……学年集会で意義を児童と話し合い、担任が掃除の姿を見取る
これをＰＤＣＡでマネジメントしました。
職員全員で徹底して指導した結果、一生懸命に取り組む児童の割合が格段に増えました。
一生懸命に掃除をする児童に対して「床の端っこまできれいに拭いているね。雑巾の使い方がうまくなったね。」など具体的な姿を取り上げ適正に評価することを全職員で粛々と取り組んだことで、児童の掃除をする姿が変わりました。
あいさつやトイレのスリッパそろえも同じように取り組み、いまでは高学年を中心に児童主体の取り組みになっています。

共感的な人間関係を育むフリートーク

学級経営に係る新たな取り組みとして、山口大学附属山口小学校が上智大学の奈須正裕教授の指導で実践している「フリートーク」に平成27年度から取り組んでいます。

このフリートークの実践例は書籍として刊行はされているものの実際に見たことがあったのは、校長と当時の研究主任の時松教諭（現在の校長）だけでしたので、校内研修に位置づけ、時松教諭の学級で先行実施したものを他学級にも広げていく形で実施していきました。

フリートークは「共感的に聴く」ということを大事にします。聴くという行為は、ややもすると受け身のように捉えがちですが、聴く行為を、「あなたがそのように一生懸命聴こうとしてくれるから話し手が話すことができる」として話し手以上に積極的な行為であると価値付けていきました。また、学級の中で安心して話ができるよう、「あなたのことをもっと知りたい」「あなたのことがわかって嬉しい」という共感的に聴くオーラを生み出しながら聴くことを求め、話し手が安心して話すことができる、自己開示ができるということをめざしていきました。

フリートークは朝の時間を使って全学級でいまでも取り組んでいます。当番の児童が毎日交代でお題を出し、そのことについて「フリー」に発言をします。その後、担任が価値付けをします。例えば、

「Aさんの笑顔で頷く様子がよかったね。話す人が安心して話せるよね」

など、話を聴く様子を取りあげ、そこに価値や意味を見いだし評価していきます。もちろん、話の内容を取り上げることもありますが、「聴く」ということに、より多くの価値付けを行います。

「フリートーク」のお題は基本的には自由です。事前に担任が当番の児童にお題を尋ね、時には一緒に相談しながら、みんなが楽しく話せるようなものになるようにします。

お題は「ドラえもんの道具で欲しいものは何？」「忘れものをしないコツは？」「宝物は何ですか？」「ご飯のおともと言えば？」など、多岐に渡り、笑いが起きることもしばしばです。したがって、児童が大好きな時間でもあります。

授業は英語で一点突破

児童の【活力】につながるような授業改善として、「附属刷新プラン」の中で大分県教育委員会と交わした約束でもある外国語（英語）に全職員で取り組みました。

本校では主に自分の担当教科に全力を注いでいましたので、英語の授業についても、全員がするのではなく、中学校の英語の免許を持つ専科教員やＡＬＴが中心に授業を行っていました。

しかし、公立校の多くは「担任」が他の教科と同じように授業をします。そこで、本校では専科教員がする授業ではなく、公立の先生と同じように、どの教科の授業もした上で、「担任」がする英語の授業づくりをめざしました。

そのために、本校では高学年だけでなく4年生以下も週に3回のモジュール（短時間学習）の時間で英語の授業に取り組みました。具体的には校内研修の時間を使い、英語担当職員と一緒に授業を考えたり、模擬授業を行ったりしました。

本校が頼りにしたのは隣接する附属中学校と現在もアドバイザーとして関わってく

ださっている大分県グローバル人材育成推進会議の池田裕佳子委員です。2ヶ月に1回程度、小中学校で授業を見合い、その後授業について意見交換を行いながら、何をどう取り組んでいくのかをゼロから立ち上げました。

当初、池田委員からは、児童が楽しみながら学べるように実年齢からマイナス5歳くらいの活動を組み、簡単なセンテンスを繰り返すことや先生の笑顔やほめることが大事だというアドバイスをいただきました。また、中学校の先生方からは、英語を巻き舌で話しても笑われない学級をつくること、中学生になっても安心して英語が話せるような雰囲気、聴くオーラが大事だということ、まさに、「フリートーク」とまったく同じ考えを学びました。

英語に苦手意識を持つ職員も、児童が安心して英語が話せるように、笑顔や頷きを取り上げてたくさんほめること、称賛する簡単な言葉を何度も繰り返して使うことは、むしろ自分たち小学校教員の得意分野だという思いに変わりました。つまり、英語を特別な教科と思わずに取り組むということができるようになってきたのです。

また、全員が英語の授業づくりでの悩みや困りを共有するようになり、校内研修が職員の課題解決の場と変わり、英語教育が本校の財産へと変わりました。

客観性を担保した授業改善授業を数値化

大分県教育委員会では「新大分スタンダード」による授業改善を提唱しています。英語の授業づくりとともに、この「新大分スタンダード」の具現化もめざしました。

指導部門の統括を任されていた山田眞由美指導教諭が県の義務教育課の助言を受けながら、「新大分スタンダード」をもとに授業観察シートを作成しました。そして、指導教諭が学期に1回教員一人ひとりの授業を参観し、放課後は授業者とともにそのシートに沿って授業の振り返りをしました。

そして、指導教諭からは、1時間の授業を構想する授業構想力から、単元構想力、年間構想力をつける必要があることと自分の担当する教科を1年間と6年間の2つの時間の軸でとらえ、他の教科にも応用させていくことが指摘されました。

また、教科書を教えるのではなく、教科書はあくまでも使うものであることと学習指導要領に基づいて児童の具体的な姿で評価規準を設定して授業を構想していくことも指摘されました。

「新大分スタンダード」で主体的・対話的で深い学びの実現を

**「学びに向かう力」と「思考力・判断力・表現力」を育成する
ワンランク上の授業を目指して**

1　1時間完結型

主体的な学びを促す「めあて」「課題」「まとめ」「振り返り」
＊学習の見通しをもたせ、意欲を高める「めあて」
＊学びの成果を実感し、学んだことや意欲・問題意識等を次につなげる「振り返り」
＊追究すべき事柄を明確にする「課題」、追究した結果を明確にする「まとめ」

2　板書の構造化

＊思考を整理したり促したりする板書、思考の過程を振り返ることができる板書

3　習熟の程度に応じた指導

＊「具体的な評価規準」に基づく確かな見取り
＊「努力を要する状況」の児童生徒に対する手立ての工夫

安心して学べる
「学びに向かう学習集団」

4　生徒指導の3機能を意識した問題解決的な展開

主体的・対話的で深い学び(アクティブ・ラーニング)を創造する学習展開
＊各教科等の見方・考え方を働かせて展開する「課題設定➡情報収集➡整理・分析➡
まとめ・表現・交流➡振り返り・評価」等の学習過程の繰り返しの中で行われる
・知識の関連付け、問題の発見・解決、情報を精査した考えの形成、思いや考えに基づく創造
・様々な人との対話・協働による自分の考えの深化・拡充

**「新大分スタンダード」による授業改善は、主体的・対話的で深い学びの実現に向けた
「アクティブ・ラーニング」の視点による授業改善と重なります。**

大分県教育委員会「「新大分スタンダード」のすすめ（平成31年3月（第3版））」より一部抜粋

大分大学教育学部附属小学校　授業観察シート　　平成31年1月改訂

日時		授業者		教科等		指導教諭	

	新大分スタ	生三機能	評価項目	評価の観点例	評価	学びや振り返り
授業構想	めあてと振り返り		指導と評価の一体化が図られている。	・授業のねらいに評価規準と有効な手立てを反映させているか。 ・評価規準は学習指導要領を踏まえているか。 ・具体的な子どもの姿で評価規準が設定しているか。 ・評価方法や評価箇所は示しているか。		
授業構想	問題解決的な展開		問題解決的な展開である。	・単元全体を見通した学習の課題が設定しているか。 ・学習の課題は日常生活や既習事項との関連など子どもの学ぶ意欲を引き出すものであるか。 ・解決する過程で適度な困難さが有り、達成感や成就感を得られる展開であるか。		
導入	めあてと振り返り		めあてが明確に示されている。	・めあてを見れば本時に何をするかが分かるか。 ・めあてを子どもと共有しているか。 ・解決のための見通しや視点，手立て，条件等が具体的であるか。 ・見通しが持てない子どもに適切に支援をしているか。		
展開		自己決定 自己存在	子どもの思考を深める課題や論理的な思考を助ける発問が準備されている。	・子どもの思考する時間を確保しているか。 ・発問は端的で何度も言い換えていないか。 ・課題や発問は本時のねらいに迫るものであるか。 ・子どもの論理的な思考を育成するような工夫や仕掛けをしているか。		
展開		自己存在 自己決定 自己表現	子どもの主体的な学びを保障する流れである。	・教師が一方的にしゃべってないか。 ・子どもの困りや気づきを生かしているか。 ・既習と未習，考えのズレや違いを意識するなどの工夫をしているか。 ・一問一答ではなく，発言は関連づけられているか。		
展開	板書の構造化		子どもの論理的な思考を育成したり，考えを深めたりするのに適した板書やワークシートである。	・論理的に思考できるように比較や関係づけ等の工夫をしているか。 ・色，大きさなどを視覚的に整理しているか。 ・思考の流れに沿った板書をしているか。 ・ＩＣＴやホワイトボード，掲示物などの活用をしているか。		
展開	きめ細かな指導	自己存在	子どもの習熟の程度に応じて，的確な支援をしている。	・習熟の程度を掴むための工夫をしているか。 ・C評価の子どもへの支援をしているか。 ・子どもの質問や要望に対して適切な対応をしているか。 ・習熟の程度を意識した声掛けや具体的な支援をしているか。		
展開		共感的人間関係	協働的な学びを通して，多様性を尊重しながら，課題を解決できるような場を設定している。	・お互いの意見を聞こうとする場や信頼関係を築いているか。 ・自分の意見を言いたくなる工夫や仕掛けをしているか。 ・反対意見や批判的な意見も言えるような場や信頼関係を築いているか。 ・ペア学習やグループ学習の目的や内容は適切か。		
終末	めあてと振り返り	自己存在	本時の振り返りの視点がねらいに対して適切である。	・本時のねらい（付けたい力）は達成できたか。 ・振り返りは習得した学びを振り返ることができる内容か。 ・振り返りの中で比較や関連づけを意識できるような視点を明確にしているか。 ・学びに向かう力を意識した学習内容や態度などに対する価値付けをしているか。		
その他				・教科で使うべき言葉を用いているか。・学習過程における時間配分は適当か。 ・指導事項や教材の解釈は的確か。・教師の動線は意図的か。		

評価	評価区分
4	十分満足できる
3	満足できる
2	標準である
1	やや不十分である
0	不十分である

評価平均点

自身の学び･振り返り等

指導教諭より

指導教諭の授業観察は、いまでも続いています。授業観察シートはその後改良されながら、現在は自己採点型となりました。

これにより、授業者自身が授業の課題をメタ認知するきっかけにすることができています。

各教科の取組

大分県教育委員会は毎年、教育課程研究協議会を開催しています。その会では県から出された各教科の重点課題に沿った取組を地域ごとに発表、交流することを通して優れた取組を各地域に持ち帰ります。もともと附属学校は管轄が違いますので、その会自体に参加する立場にありませんでしたが、参加させてもらうようになりました。

まず、校内研修の場では各教科の県の重点課題を解決するために必要なものを積極的に取り入れていきました。

また、総合的な学習の時間では，日本生活科・総合的学習教育学会よりアドバイザーを迎えるとともに大分県教育委員会の求めに応じ、総合的な学習の時間の単元プランシートと他教科の資質・能力との関連や思考ツールの実践事例集を作成し、資料として県に提供するなどの取組を進めました。

セミナーという形で授業を公開

長年続けてきた公開研は取りやめました。

附属小学校でしか通用しないような課題や仮説に沿った研究を発表する場とせずに、みんなで現在進行形の課題や困りを勉強しましょうというスタンスにこだわり、「セミナー」という形で教科を絞って授業を公開し協議をしています。

＊例えば平成28年に実施した国語科セミナーでは当時の学力調査官を招聘し、「『全国学力・学習状況調査　授業アイディア例』の活用」（公開授業と講演会）を大分県教育委員会と共催し、外国語セミナーは平成28年度から毎年文部科学省から教科調査官・視学官を招聘し、全学級で授業公開をしています。

最大のビルドは教育実習

教育実習で最大のビルドが必要だったのは、附属小学校よりも大分大学教育学部です。なぜなら、教育実習前に学部で指導案作成を通した教材研究をお願いしたからです。

そもそも、平成27年度時点では、本校には教育実習に関わるノウハウがほとんどないばかりか、学部との連携もほぼありませんでした。当時は年に1回、一クラスに2～4人の教育実習生が配置されていましたが、服装や言葉遣いなどの注意はあっても、職員で共通理解しておく、指導の重点などの話などはなく、各担任まかせでした。

そこで、教育実習については抜本的に見直し、以下のように変わりました。

・担当教諭個人に任せられた指導
⬇事前の研修で目的や指導方法を共通理解し、全体指導、学年部指導、担任指導など各種形態による組織的な指導に変更
・21時以降になることもあった退庁時刻
⬇実習生は18時、附属小教員は19時には退庁を徹底

・附属小独自の指導案、授業づくりの指導
➡学部と連携し、県の進める方向（「新大分スタンダード」）に統一
➡事前に学部での指導案作成を通した教材研究を依頼
・毎日、毎時間ひたすら書く授業記録
➡視点を決めて一日1時間程度に削減
・毎日、全員書く日記のようなレポート
➡学級で1枚、テーマを絞って輪番でのレポート削減
・4週間の実習期間中一人2～3本の授業
➡4週間で一人6本以上の授業に増加、指導案は簡易な板書指導案
➡一人につき1回以上の一日学級担任業務体験を新たに立ち上げ
・授業記録の模造紙への書き起こし　➡廃止

学部を巻き込む改革でしたので、平成27年度末から学部と話し合いを繰り返し、実現に至りました。

元はと言えば、学部が県との約束で大分県の教育課題に応えていく道を選んだのですから、教育実習に学部が積極的に関わることは筋の通ったことだったのです。

5 学校改革でどんな成果が生まれたのか？

独りよがりに陥らないように、取り組んだことに対するチェックを行っています。これは平成27年度末に本校に視察に来てくださった文部科学省の当時の附属担当（正式には高等教育局大学振興課教員養成企画室長）をされていた柳澤好治室長（現在は総合教育政策局教育人材政策課長）の助言が大きいかと思います。

柳澤室長の助言はシンプルでした。

「全国の附属の中では群を抜く取り組みをしていると思います。あとは、その取り組みがどうだったか、エビデンスがあると説得力を増しますよ。」

この言葉に従い、チェックの視点として、児童の姿（心と体・学力）や職員の声、学生からのアンケートなどをもとに取組へのチェックを行いました。

児童の姿、掃除

まず、力を入れて取り組んだ掃除は劇的に変わりました。一生懸命取り組むことはもちろんですが、自分たちの掃除に誇りを持つようになったと思います。以下は子どもたちの声です。

・そうじをしてすっきり、気持ちのいい朝のスタートが迎えられます。一日が過ごしやすいです。（低学年の児童）

・掃除を通して、下級生と仲良くなれました。それに掃除の大切さもわかりました。

（高学年の児童）

保護者の方からも次のような声を

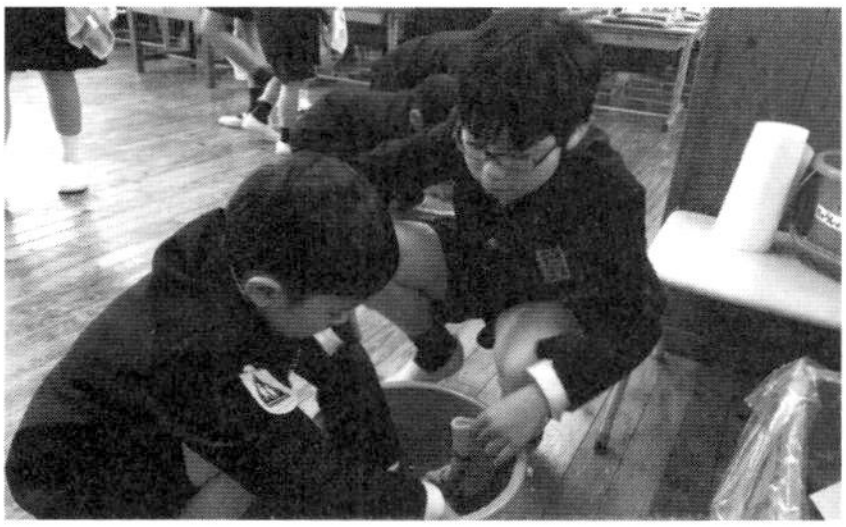

いただきました。

・家で進んでフローリングの拭き掃除をしてくれるようになりました。夏休みの子どもの仕事は床掃除です。

また、日常の掃除で写真のように隅々まで、きれいにしようとする姿が増えていきました。

子どもの変化に伴って、職員も掃除にはかなりのこだわりを持つようになりました。

4月の新しい職員の赴任と同時に、掃除担当主催の掃除研修を行うことも恒例になっています。4月2日とか3日とか、とにかく最も忙しい時期ですが、職員が共通理解していないと、指導ができないということで自主的に始まった、いわゆるミドルアップダウンの取組です。

上の写真はその掃除研修の様子です。掃除担当が、以前からいる職員を見本として実際に動かしながら、新しく赴任してきた職員を対象に説明をしています。説明している彼は当時20代で、本校で一番若い職員でした。掃除をしているのは、20代から40代の以前からいる職員です。

また、今年は、６年生担任の発案で６年生児童対象に掃除研修を実施しました。これは縦割り班のリーダーとして、入学してくる１年生をはじめ下級生にきちんと掃除を教えられるようにするために実施したそうです。

児童の姿、心と体

下の図のように自己他者肯定感も変化が見られるようになりました。平成26年度秋以降のデータしかないのですが、確実に自己他者肯定群が増えてきています。

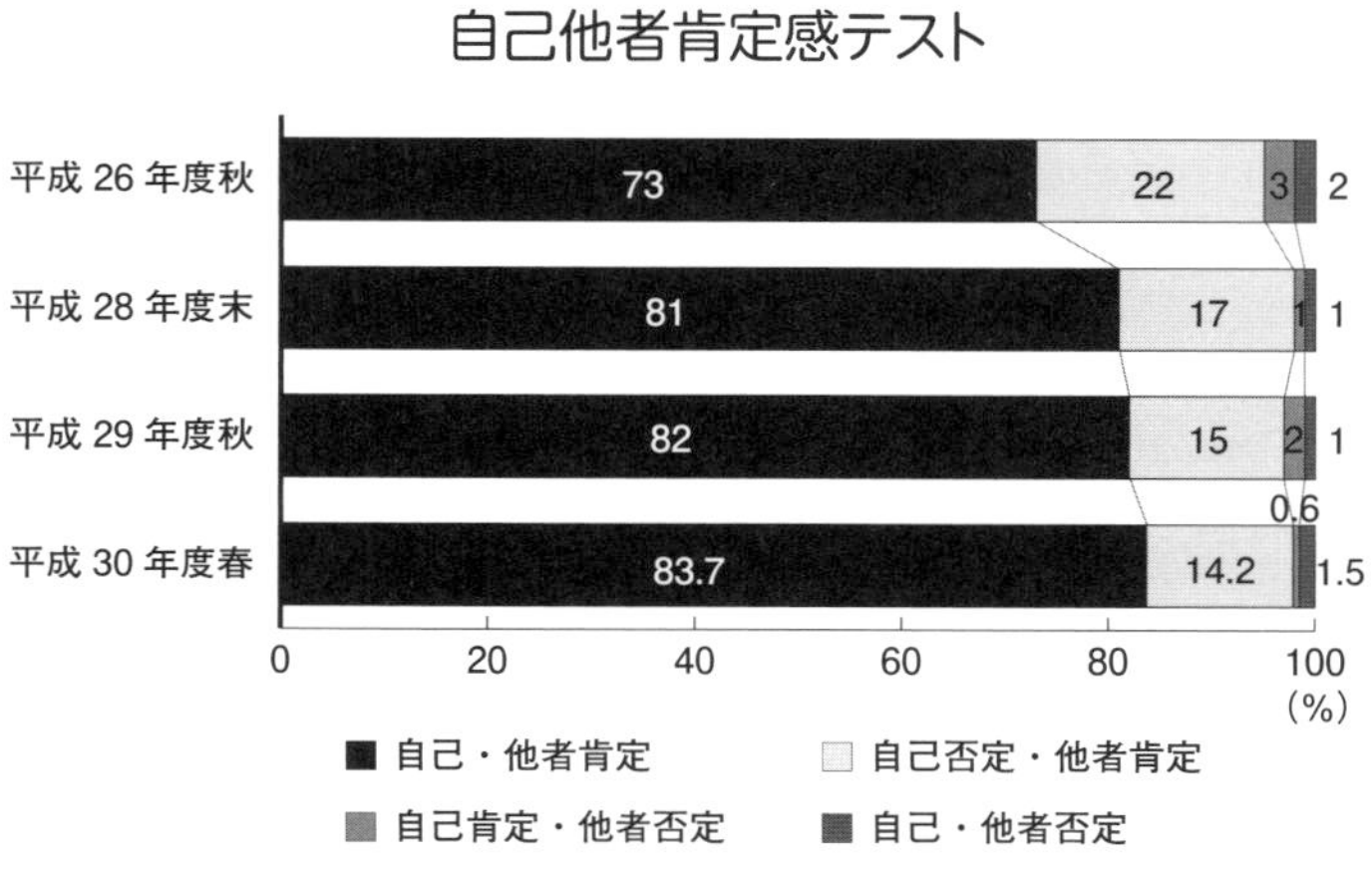

ただ、まだ20％近くの児童は、自分もしくは周りを肯定的に捉えることができていないため、今後詳細に分析する必要があります。

もう一つ、小学校の教員なら、給食の残菜も気になるところです。

この残食もずいぶん減りました。栄養教諭によると、以前は先生方が忙しくて給食を一緒に食べられないこともあったそうです。

先生が笑顔で「もう一口食べてみようか」「がんばって食べたね」と励ましながら、食べることが一番の「ご飯のおとも」になるケースもあるようです。

同じようなことを当時の養護教諭も次

給食残食率

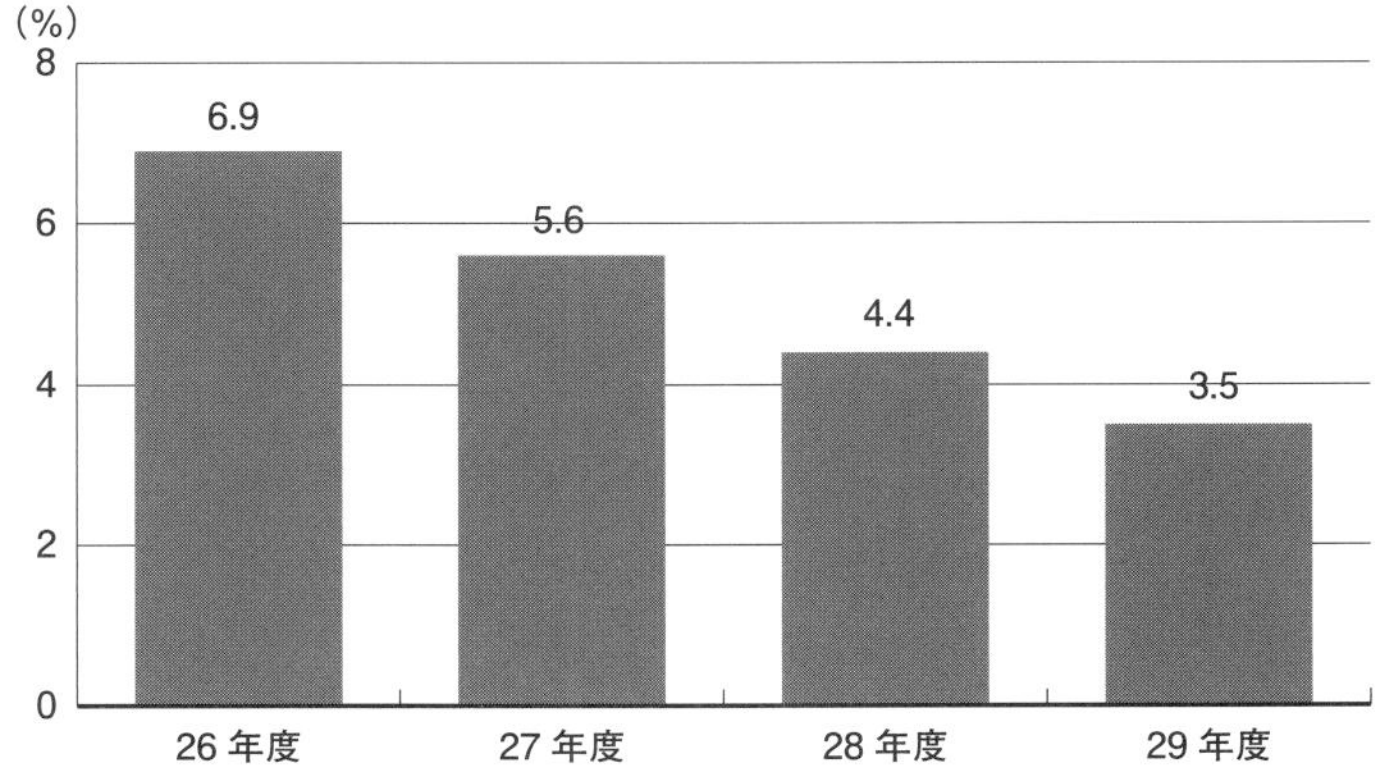

のように語ってくれました。

「データは残っていないのですが、改革前は保健室に来る児童がとても多かったのですよ。ちょっとしたことなのですが、聞いてもらえると安心して教室に戻るケースがほとんどでした。本当は学級で担任の先生がお話を聞いてあげられたらよいのでしょうが、子どもたちも先生方が忙しそうにしているのがわかるようで、子どもなりに気を遣っていたようでした。」

児童の姿、学力

学力については、全国学力・学習状況調査の結果で検証してみました。もちろん、ここで言う学力は、児童の持つ力の一側面ではありますが、検証の指標として用いました。

本校の全国学力・学習状況調査の結果は、伸びていることがわかります（次の図参照）。

附属小学校なので、全国の国公私立の平均正答率と比較するよりも、より条件的に近い全国の国立校のB問題との平均と比較しました。比較するための資料は、国立教育政策研究所から毎年発行されている、全国学力・学習状況調査の報告書を活用させてもらっています。

平成27年度から改革に全面着手しましたが、それに先だって平成26年度に、それまで附属の職員が担っていた民間教育団体（各教科部会）の事務局を県教委の指導のもと、すべて附属から外に出しました（※1）。その事務局を放出した翌年から、学力が伸びているのは、附属の職員が余裕も持って児童と向き合う時間が増えてきたことも大きいと分析しています。

また、平成27年には、第1章の第3節と第4節で述べたように業務の大幅な見直しと授業改善（※2）を行いました。本校に視

全国の国立校との正答率の差

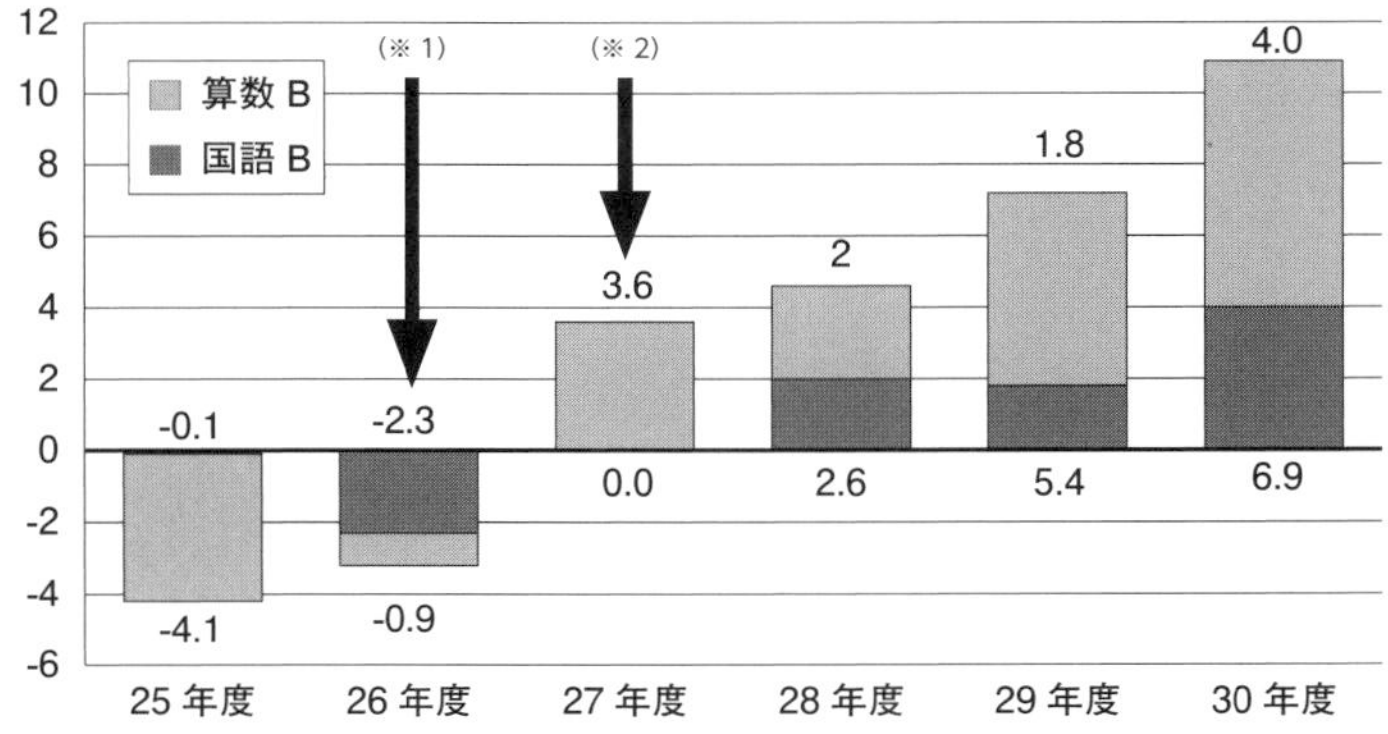

察に来てくださったある大学の教授は、「学力が何かの取組をして伸びたという例はよく聞くけれど、やめて伸びたという例はあまり聞いたことがない。働き方改革の好事例として、もっと宣伝したほうがいい。」と言ってくださいました。もちろん、やめただけでなく、授業改善には積極的に取り組みましたから、軽重を付けた取組が功を奏したのだと分析しています。

学部との関係

下のグラフは、学部教員の附属小への来校者数と延べ人数を表したものです。学部との関係が改善されているのがわかるので

学部からの来校者数の変化

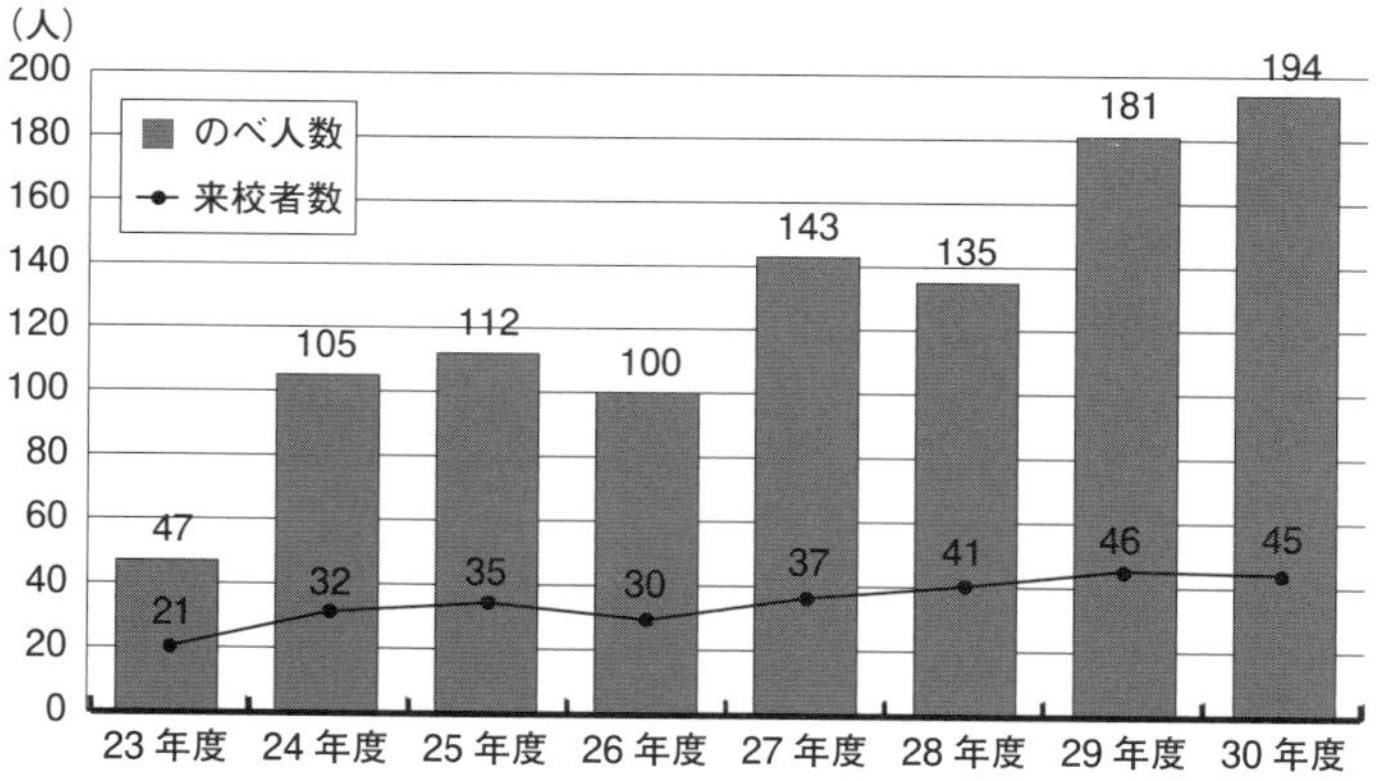

はないかと思います。

特に教育実習期間中の来校は非常に多くなりました。これは、指導案作成を通しての教材研究に多くの学部の職員が関わってくれたことが大きいと思います。学生と一緒に悩んだ授業がどのように変わったか見てみたいという思いから、足を運んでくれるようになったのではないかと分析します。

また、学生の中には、事前に本校に訪れ、教材として用いるために図書館にどんな本があるのかを調べに来たり、児童の様子を見に来たりする姿も見られるようになりました。

上級生の授業の様子を見に来る学部生もいます。

実習生の声

実習後には取組に対して、

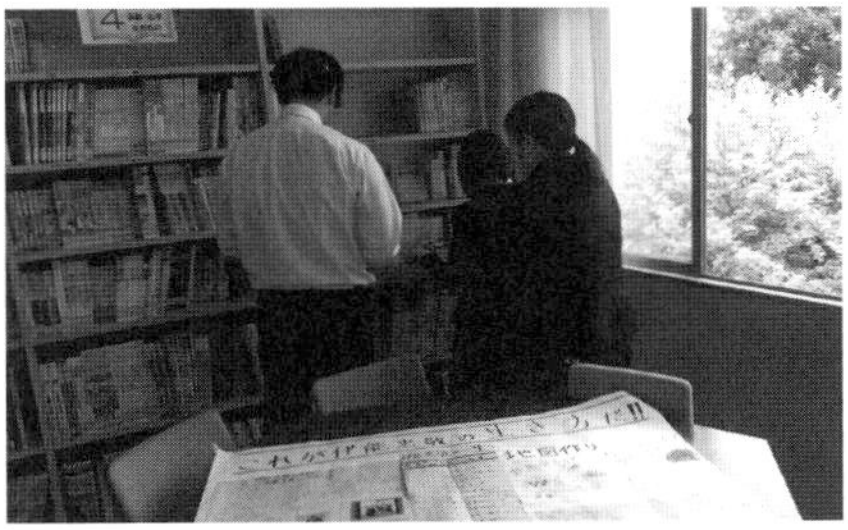

事前に教材研究に来た学部生

実習生、学部生、学部職員、附属職員参加の授業後の研究会の様子

学生と本校の職員双方に同じ内容のアンケートをとっています。

①事前に大学で指導案を作成して実習に臨んだことは、教育実習で実践力を身につけるために有効まであったか。

②一日・半日担任業務は実践力を身につけるために有効であったか。

③視点を明確にしての授業観察や提案授業などは実践力を身につけるために有効であったか。

④教育実習で実践力、指導力はついたか。

⑤事前に課題を明確にした実習は実践力つけるために有効であったか。

次の表は、①の質問について学生と本校職員のアンケート結果の過去3年間の比較です（「主」は小学校が主免許の者で、「副」は幼稚園や中学校が主免許の者を指します）。

このように、実習後には必ず、声を拾い、有効ではないという声が多い場合にはその声を分析し、次に実習の指導に反映させるようにしています。

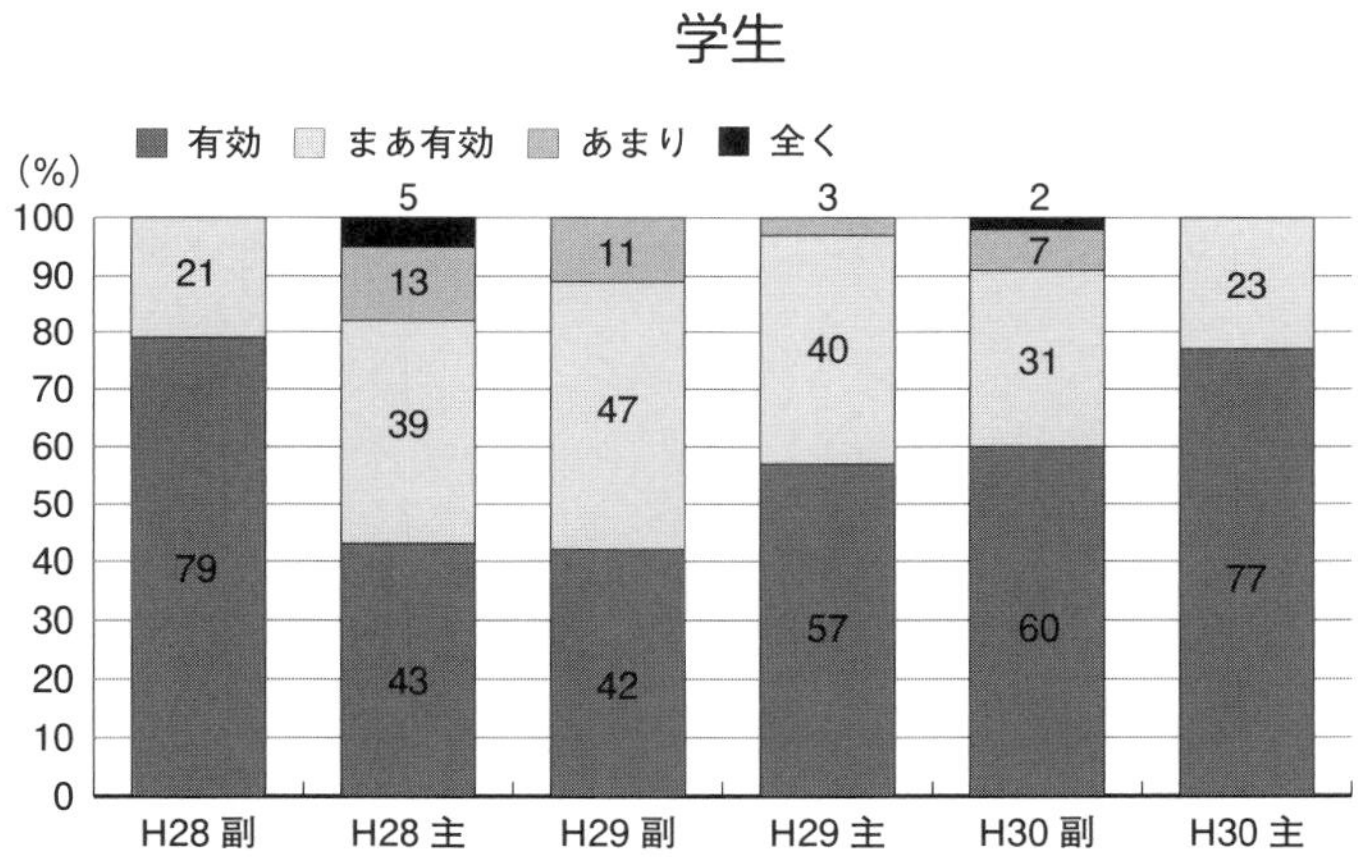

※「主」は小学校が主免許の者で、「副」は幼稚園や中学校が主免許の者を指します。

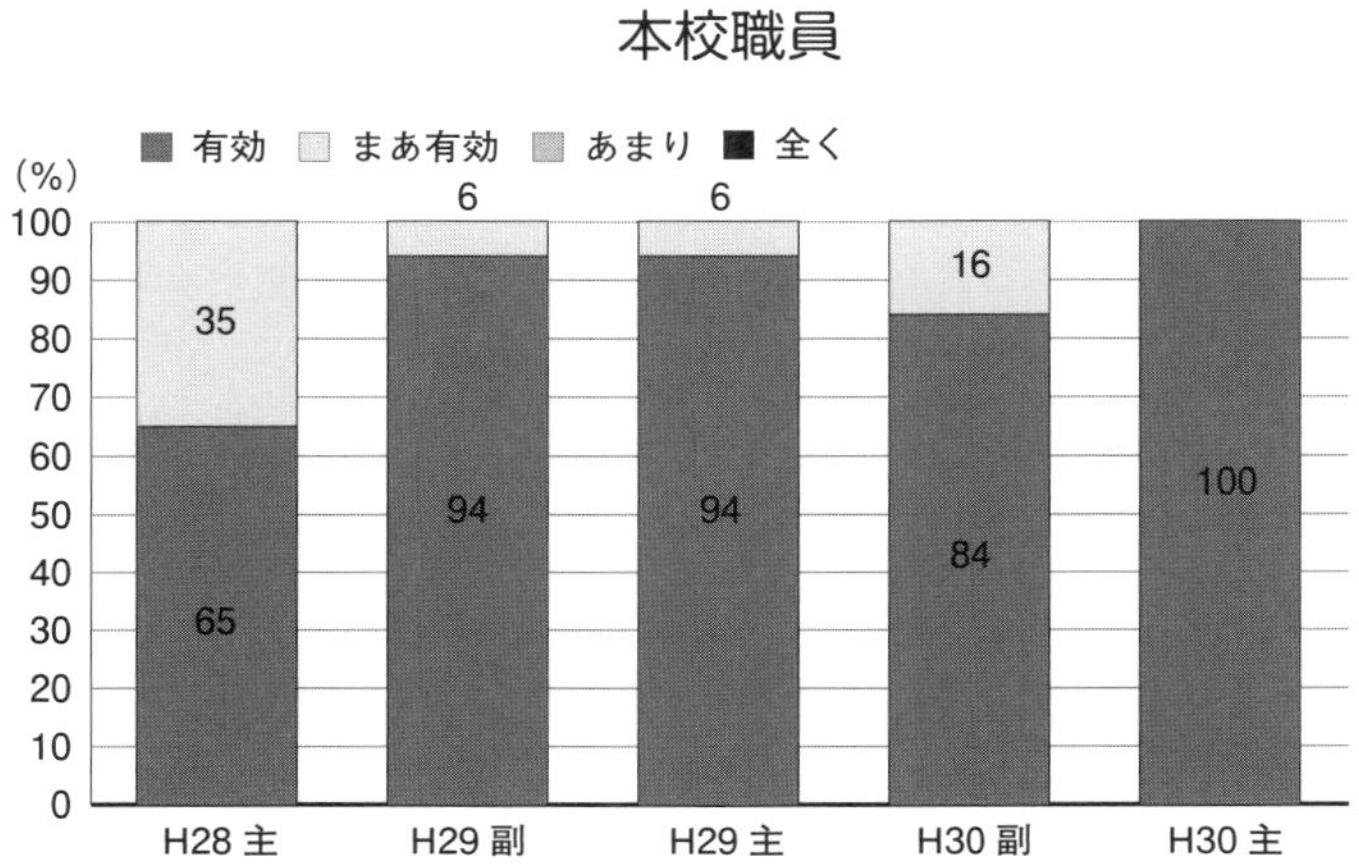

公立学校の役に立っているのか

本校では、外国語（英語）を中心に毎年セミナーという形で公立の先生方に授業を見ていただいています。当日はアンケートを中心に参加してくださった方の声を聞いていますが、セミナーの数ヶ月後に、授業で見たことを実際に使ってもらっているのかも追跡調査をしています。

下の円グラフは、平成29年度の2月に行った外国語セミナーの４ヶ月後に、参加してくださった方に往復はがきを出して、実際に使ってもらったか、使っても

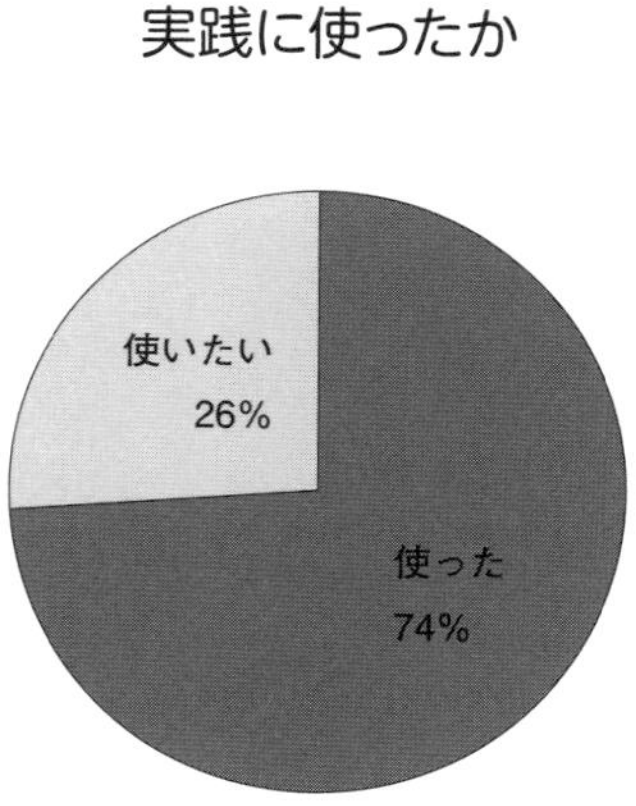

らえたとしたら何を使ってもらったのか、授業づくりで困っていることはないかなどを尋ね、次に生かすようにしています。

「授業で見たことを実際に使いました」という声は私たち附属の職員の励みになります。また、授業づくりで困っているという声は、新たに進むべき道の方向を示してくれています。

数値で見る本校職員の姿

改革が始まり、産休、育休を取得することができるようになりました。さかのぼって詳細に調べたわけではありません

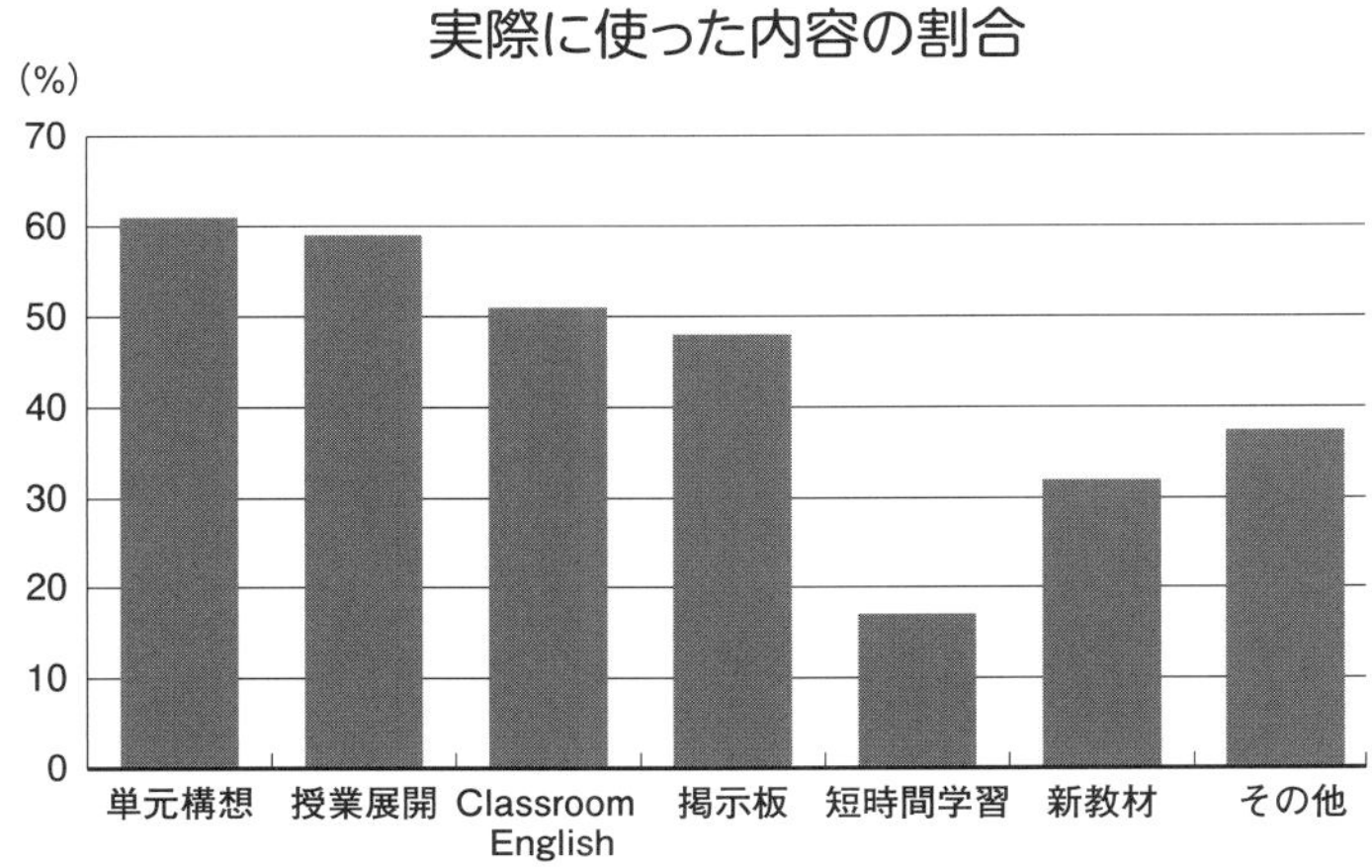

仕事ストレス判定　総合健康リスク

全国平均	平成29年度	平成30年度
100	76	73
120以上　要注意 150以上　至急改善		

が、大分大学教育学部附属小学校ではそれまで誰も取得することがなかった（できなかった）ようです。直近は次の通りです。

- 平成26年度以前……ゼロ
- 平成27年度……1名
- 平成28年度……1名
- 平成29年度……1名（男性）
- 平成30年度……ゼロ
- 令和元年度……1名（男性）

男性が取得することは、公立でもまだまだ少ないことだと思います。そう考えると、この5年間に2名の男性が育児休暇を取得できたことは、働き方改革の一つの成果とも言えるのではないでしょうか。

また、以前の記録がないので改革前との比較はできないのですが、大分大学が行っている仕事ストレス判定の本校の2年間の結果は前頁の表の通りです。

総合健康リスクとは、職場におけるストレス因子・反応のうち健康との関係が深い「仕事の量・コントロール」「職場の支援」から職場での健康問題のリスクを総合的に判定した値で、全国平均を百とし、高いほどリスクが高くなります。本校では2年連続で70台なのでよい状態であると言えるようです。

本校職員の声

本校の職員はこの改革で何がどう変わったと思っているか、さまざまな年代の声をご紹介いたします。

〈20代〉

・以前は決して上手な掃除ではなかったが、いまはどこでも自慢できる掃除である。

・先輩の先生に授業を見てもらい、指導をもらえるのでありがたい。

〈30代〉

・全校で取り組んでいる「積極的に聴く」ことが、授業だけでなくさまざまな場面にも生かされているのを感じる。

・この組織体制は、公立に戻ってからも役に立つと思う。

〈40代〉

・当たり前のことを当たり前にできる子どもが育ってきたと思う。

・掃除だけでなくさまざまな取組で、学校・学年の指導がそろっているので、戸惑うことがなく子どもも職員も雰囲気がよい。

・掃除をはじめ縦割り班活動が効果的に機能している。授業中だけでなく、休み時間や教室を移動するときなど学校全体が落ち着いた。

・学年主任を中心に、教師集団がまとまっている。その根底に信頼関係があるのを感じる。

・学年主任や各種主任が責任を持って、部内の仕事を統括することで、自然と人材育成やミドルアップダウンの雰囲気が生まれている。

〈各年代をまたいで〉

・県の指導主事、大学の先生、国の調査官など公立ではあり得ない方々に授業を見ていただき、直接指導を受けられる贅沢な環境である。

全体を通じ、子どもの姿や組織としての体制に変化を感じているのがわかります。これらの内容は雑談の中で直接聞いたので、アンケート回答などの統計数値とは違い、若干のリップサービスがあるということを差し引いて読んでいただけると有り難いです。

（時松哲也・山田眞由美）

【コラム　年次制あるある】

年次制は一部の附属学校に見られ、最近、見直しが進んではいますが、他校を含め見聞きした年次制にまつわるエピソードを紹介します。

○１年次の者は、会議等では茶湯の準備・片付けをし、職員室では私語禁止、会議は黒色スーツ着用。電話はどんなに離れていても１年次の者がとる。

○歓迎会等の懇親会の席で、

- 新しく赴任した教員は座布団を敷かない。（敷けない。）
- 新任者のあいさつ・スピーチは、先輩教員の OK が出るまで終われない。
- 飲み会であっても「指導の場」であり、先輩教員の説教を有り難く頂戴する。
- 来賓や OBOG が参加するときは、入り口で待ち、エレベーターまで見送り、ボタンを押した後、走って階段を上り、エレベーター前でドアが開いたときにお辞儀した状態で待っておく。

○職員のレクレーションで、

- バレーボールの際、アタック・スパイクは１年次の者は禁止。
- ソフトボールの際、研究主任へはバッターボックスまで１年次の者がバットを届ける。

などなど、いまでは笑ってしまうような慣習があったそうです。

第 2 章

なぜ改革
できたのか？

1 なぜ変われたのか
――ビジョンと組織

いままで述べてきたようなステップを踏んで改革に取り組んで来ました。

再度振り返ると、ビジョンを持ち、そのためのシステムや組織を創造したことが、まずは大きかったと思います。そして、それを実現に導くための適材適所もまた大きかったと思います。

リーダーの語りと語り込み

改革を振り返るとき、この難題に先鞭をつけた土谷陽史元校長のリーダーシップと熱意なくしてここまでの成果をあげることはできなかったでしょう。

土谷校長は着任時・年度初め等にこれから為すべきことを職員全体に語りました。

丁寧に、順を追って、そして事あるごとに繰り返し全体に向けて語りました。校長として明確なビジョンを示したと言えます。ここまではいわゆる所信表明という形で多くの校長が行うことだと思います。

土谷校長の秀逸さを感じる点は、この全体への語りに加えて、参謀たち（経営会議のメンバー等）には、その数十倍の時間と熱量をかけて語り込むことを続けたことです。

土谷校長が語り込みの中で言っていたことに、

「教員集団を動かすためには、5割を押さえることだ。賛同者が5割を超えた段階で大きなうねりができる。そうすれば物事は成し得る。そのためには、核心的な2割の理解者が必須となる」

という趣旨の話がありました。これは強力なリーダー（校長）だけの力では限界があるということを理解し、そこを乗り越え持続可能な学校改革へ臨むためにはリーダーを支えるチームの力が不可欠ということを示していました。

経営会議が毎朝開催されることもそうですし、方向性を確認する際は徹底的に語り込み、議論し、方向性や取組内容がブレないようにしていきました。校長の意向を理解していることはもちろんですが、意義やめざすものを経営会議のメンバーが意識レベルで共有し、その実現に向けて日々の業務に向かっていることが重要です。

よくありがちな「校長が言うからやらないといけない」ではなく、経営会議のメンバーの誰もが意義を語ることができ、教職員を導いていけるという状況をつくった土谷校長の戦略は的確でした。

全体への語りと経営会議のメンバーへの語り込みが職員集団を動かしたと言えます。

持続可能な組織づくり

改革の突破口を開くことができたのは土谷校長個人の人柄や行動力・突破力によるものが大きいことはもちろんですが、校長が替わって以降も改革が継続されていること、この学校改革の大きな意義があると思います。

そういう意味でも土谷校長の後任の河野雄二校長が、まずこの改革の意義を深く理解し、引き継いだ後に、人材が機能するだけでなく、力を遺憾なく発揮できるように各種会議や主任の在り方を整えることから始め、本校の大きな特徴とも言えるチェック機能（エビデンス）の確立などを発展させたことは大きいのです。

校長を支える経営会議のメンバーは毎日経営会議を行います。司会は教頭が務め、校長の短期的・中長期的ビジョンを仕分けし、今日すること・今週することといった具合に担当者を確認しながら整理していきます。毎日開催しているので、緊急の案件があれば、まずはそこに集中して、学校としての方針を立て当面の対処をすぐに行うことができます。こうした経営会議に参加する主幹教諭と指導教諭は、管理職とのひざ詰めの議論を通じて学校経営への参画意識を日々醸成し、案件への対処を通じて危機管理等への対応能力とノウハウを学んでいきます。

また、経営会議は、校長の考えをただ追認するだけの御用機関ではなく、教職員や児童により近い立場である主幹教諭や指導教諭に積極的に意見を求め、修正を加えたりよりよい代案を提示してもらったりする熟議機関でもあります。場合によっては経営会議のメンバーが校長をいさめることもしながら、学校経営方針を一つひとつ現場で取り組める形に具体化していきます。

この経営会議の設置と運用こそが、校長が替わっても学校改革の流れを止めずに推進し続ける大事な要因だと言えます。

主任がキーパーソン

経営会議のメンバーに加え、主幹教諭の片腕である教務主任、指導教諭の片腕である研究主任を加えて「核心的2割」だとすると、「集団を動かすライン＝全体の5割」に迫る上での大事なキーパーソンが学年主任です。この学年主任の心を動かすことなく学校が組織として機能することは困難です。逆に言えば、学校組織の中で重要な学年主任だからこそ全面的に信頼し徹底的に支援していきます。

例えば、学年主任から上がってきた各学級の諸問題については、指導教諭を窓口にして経営会議のメンバーに共有されます。学校が責任をとれる態勢を敷いた上で、その後ろ盾のもと安心してその対処にあたってもらうようにします。万一、保護者や外部との対応が困難な展開になれば、指導教諭・教務主任等々の幾重にも備えたバックアップメンバーが統一した方針の下、対処を引き継ぎます。学年部の先生への指導を含め、学年主任が孤立し対処に苦慮することはないようにします。こうした段構えの対応の経験を積み、組織対応のよさを実感した学年主任が、校長の方針に理解を示し共に行動を起こしてくれるようになっていきました。

【インタビュー　土谷陽史元校長編】

―附属改革を行おうと思ったきっかけは何ですか。

大分県教育委員会と大分大学教育学部で作成した「附属刷新プラン」の推進が求められていたことがきっかけです。特に、業務改善は喫緊の課題であり、改善が急務であると思っていました。

―めざしたもの何ですか。

2つあります。

1つめは、業務改善に取り組んだ先に、地域教育への貢献で日本一の学校にすることをめざしました。

特に、地域教育への貢献でモデルにしたのが、奈須正裕教授（上智大学）が関わっておられる山口大学附属山口小学校の教職員と子どもたちの姿でした。

私は、附属小学校に校長として赴任する前、教育委員会での仕事で山口小学校を訪れていました。授業視察では、いわゆる「先生と子どもとが共に創る授業」のさらに先をいく、「子ども同士が自ら創り出す授業」が組織的に展開されようとしており、同行した県職員（教員ではない）も、「まるで小さな研究者のようだ」と子どもたちの姿に感激していたと記憶しています。

また、授業後に、主に山口小学校の先生方がパネリストとなる指定討論会に参加したところ、議論の視点は、子どもの立場に徹底的に立ち、容赦なく互いに疑問点をぶつけ、同僚として言いにくいことも厳しいことも敢えて指摘し合うなど、先生方の仕事に対する姿勢や考え方に感銘をうけるとともに、まさに切磋琢磨を実践しているプロフェッショナルな集団だと感じました。

２つめは、附属小学校で、切磋琢磨し経験を積んだ教職員が、県内外の学校で、附属小学校をモデルとした学校改革に挑み、多くの地域で活躍してもらうことをめざしました。

―この改革の肝のようなものがあれば教えてください。

それは、教職員と子どもたちの「マネジメント意識」の向上であると考えています。

附属小学校での改革を、校長の強いリーダーシップで成し遂げたと評する方がいらっしゃいます。確かにリーダーシップは必要ですが、私はそれだけではないと捉えています。私が未来に価値を残す仕組みをつくりたいと明確に意識し、附属小学校に導入したことは、「学校マネジメント」です。この「学校マネジメント」は、2つの考え方から成り立っています。

1つめは、「いつまでに、誰が、何をし、どのような成果にまで達成しておくのか」を明確にし、検証・改善を繰り返していく「目標達成マネジメント」です。

その際に、短期のPDCAサイクルを推進することが重要だと考えています。

2つめは、目標達成に向け組織を効果的に効率的に機能させるための「組織マネジメント」です。

そして、これらの考え方を体系化したものが、「芯の通った学校組織」と呼ばれる大分県教育委員会の施策であり、これを活用することにより教職員のマネジメント能力の育成、ひいては子どもたち一人ひとりの問題解決能力の向上につなげていきたいと考えていました。

在職中、まず力を入れたのが、掃除をはじめとした生活面の指導です。

具体的には、職員に目指す具体的な姿（無言掃除）とそれが達成された指標（当初は学校全体の50％）を提示し、生徒指導主任が中心となり、学年部ごとに解決に向けた手立てについて、（誰が、いつまでに、何をするかを）考える。そのＰＤＣＡサイクルを、短いスパン（当初は毎週）で繰り返すことで、問題解決能力の育成につながったと見ています。

高い志とそれに向かって試行錯誤を繰り返す「学校マネジメント」こそが、附属小学校での改革の肝だと言えます。

―これからの附属小学校に望むことは何ですか。

教職員の成果の判断基準で重要なのは、子どもたちの姿です。教職員には地域や社会から何が求められているかを考えた上でよりよい教育を創造し、実践し続けることを期待しています。

教育の世界に限らず、世の中には優れた先行研究が数多くあります。附属小学校の改革でも、山口大学附属山口小学校、岐阜県の東長良中学校、福井県の永平寺中学校、和歌山県のきのくに子どもの村学園等の先行事例を転用し、附属小学校の子どもの実態に合わせ実践していきました。

これからの教育をリードしていく附属小学校の教職員にも、自身の経験の範囲だけで考えるのではなく、自らの感性と知性に磨きをかけ、さまざまな分野や地域の研究の蓄積からヒントを見出し、そこから実践に向けて何を転用するかを意識しながら、新たなものを常に創造する教職員であってほしいと願います。

そして、附属小学校で問題解決能力を培った子どもたちには、その力を自分たちの周りの社会・世界に向けて発揮し、問題提起に留まらずどうすれば解決できるかという構想力を鍛え上げ、よりよい社会・世界の創造に寄与していってほしいと願っています。

2　大きいのは児童の姿

児童の変容が見える取組を

疑われることなく長い間行われてきたことをやめる時には、相当な不安がつきまといます。これをやめたがために、児童に不利益が生じはしないか、それまで培われてきた力が落ちやしないかということです。もちろん、それ以外にも保護者の方の声や地域の方の声もあると思います。しかし、一番気にすべきはその時学校に通っている児童の姿です。

ですから、やはり児童の姿が変わること、しかも、よい方向に変わってくれたことが一番大きいと思います。しかも、それを周りが実感できたから、改革がうまくいったと思います。

そういう意味で、多くのことをスクラップし、本校が重点的に取り組んだ「掃除」「あいさつ」「トイレのスリッパそろえ」はある意味万能ではないかと思います。

それは、結果が見えやすく、実感が得やすいことが最大の理由です。

加えて、何か大きいことを掲げて取り組んだわけではなく、小さいかもしれないけれど日々の生活にはとても大切で価値のあること、そして、何かお題目的な目標ではなく具体的に取り組みやすいことだったのもよかったと思います。

- 教育的価値が高く、児童も職員も納得して取り組める
- 身近で毎日取り組むことができる
- 具体的で変容が見えやすい
- うまくいくとみんなが気持ちいい
- 全職員で取り組める

このようなことを満たす取組であったからこそ、うまくいったと思います。

身近だからこそ児童も参画

実際に児童の姿の変容が感じられるようになったのは、取組を始めて3ヶ月ぐらい過ぎた頃からでしょうか。

職員全員で徹底して指導してきた掃除やあいさつ、トイレのスリッパそろえなどは、学年によっては実行委員会を設け、児童主体で取り組むようになり、児童ならではの新たな発想での取組も生まれてきました。

最初によい循環が生まれたのは掃除です。

小さいかもしれないけれど日々の生活にはとても大切で価値のあることで少しずつよい姿が見られるようになり、ほめられることが増えてきました。掃除一つとってみても、全校で力を入れて取り組んでいる価値がわかれば、教職員が児童にかける声も担任にかける声も変わります。

「雑巾の使い方がうまいね。何年何組の誰さんかな？」

こんなふうに声をかけられて答えない児童はいませんし、いやな思いをする児童も

いません。その後担任にも、

「先生のクラスの◯◯さんは，とっても掃除が上手でしたよ。」

と知らせると、たいていの担任は学級でその児童のことをほめてくれます。それは、周りの児童も聞いていることであり、自然に保護者にも伝わります。

周りからほめられること、評価されることが増えると自信が生まれます。そして、それはやがて誇りとなり、学校のよき文化となります。

児童が自分たちの学校生活に自信と誇りを持てるようになってきたことが保護者の改革への理解を後押しした形になりました。

具体的な姿を補完するデータで客観的にチェック、ダメならやめる

第1章の第5節で紹介したさまざまなエビデンス、数値的なデータはどれも後付けで、児童の姿が変わったという教員ならではの「感覚的な捉え」を補完するものです。

学校現場では、教員の「感覚」はとても大事です。しかし、この「感覚」が、具体

的な児童の姿を捉えてのものでなければ、なんの説得力もありません。「なんとなくそう感じる」は曲者です。児童の姿を根拠に語らなければ、「前からやっているから」「うちの学校はいつもそういう学校だから」という思考停止の状況に陥りかねません。

本校の職員は、附属という性格上、学生に授業を見せることも多いですし、お互いの授業を見ることも多いのですが、学生にも本校の職員にも授業中の記録をもとに、児童の姿を根拠に語ることとお願いしています。

しかし、それにも限界はあります。それを補完するために本校では客観的なデータとして自己他者肯定感や全国学力・学習状況調査も利用してさまざまな角度から児童の姿を捉え、取組をチェックしました。「感覚」でも「データ」でも結果が思わしくなければ、その取組は潔くやめます。

3 頼りになるのは何といっても保護者

静かに募る不満

本校の改革は待ったなしの状況でしたので、改革はものすごい勢いで行われました。具体的には第1章の第3節で紹介したスクラップのうちかなりのものは平成27年度に、しかも4月から6月に断行されたものでした。

ですから、学年のＰＴＡ集会の前には、学年主任がみな同じ説明ができるように運営委員会で打ち合わせました。それまでも個人的に校長と話がしたいという保護者やＯＢＯＧがいたようですが、校長は一切会いませんでした。また、職員においても、安易に自分の考えで外部に答えないように言われていました。答えた内容がずれていた場合には、今度はその説明に奔走する羽目になり、本来しなければならない改革ができなくなる可能性が高かったからです。

一方で保護者の不満や不信は募っていき、一学期末のＰＴＡ集会でも噴出しました。これに対しては、事前に打ち合わせていたこともあり、各学年主任の「この改革は附属を守るための必要であり最後のチャンスである」という統一した説明でなんとか（表面上は）収拾することができました。

しかし、本当はその説明の場以外のところで動いてくれていた人たちがいたという事実を後になって思い知ることになるのです。

事前の説明がほしい

保護者からの不満を必死に押さえてくれていたのはＰＴＡの会長以下、役員のみなさんでした。しかし、ＰＴＡ会員のみなさんからの

「学校に申し入れてほしい」

「校長と話をしてほしい」

という声が多くなり、ついにＰＴＡ会長、副会長、後援会長など四名の方々から話し合いをしたいという申し入れがありました。

おそらくこの5年間で最も厳しい局面でした。

結論から言えば、経営会議のメンバーがＰＴＡ役員等の方々に厳しいお叱りを受けることとなりました。しかし、一方で改革の必要性、そうせざるを得ない状況を理解していただいた上で強力な協力も得ることができるようになりました。

では、ＰＴＡ役員の方は最初に何を怒っていたのか……。それは説明がないことでした。

「私たちは、説明がないことに怒っているのです。もっと信頼して事前に相談してくれていれば会員のみなさんに説明することも説得することもできるのです。情報がないことが一番困るし、そこを考えてほしいのです。」

校長は、大分大学教育学部附属小学校の置かれている状況を丁寧に説明した上で、

「それはすべて私の責任です。本校の職員は私の方針を受けて動いていますから。また、説明を怠ったのも私の配慮が足りなかったからです。本当に申し訳ないことをしました。」

と、謝罪しました。

この後、校長は何かあるとPTA会長に連絡を取り相談をしていました。それは校長が替わったいまも続いています。

本校の保護者は最強の応援団、いやもはや同志です。

附属ゆえの理解

附属には全国的なPTAの組織（全国国立大学附属学校PTA連合会（全附P連））があります。それは公立も同じだと思います。公立では多くは市の代表が県へ、県の代表が全国へという流れだと思います。しかし、附属の場合は市や県という間接的な組織がありませんので（一応九州という組織はある）、PTA会長は年に数回、全国の大会や九州の大会に参加します。

そのPTA会長のネットワークが本校の改革には不可欠でした。

平成28年に「国立教員養成大学・学部、大学院、附属学校の改革に関する有識者会議」が立ち上がり、否応なしに附属改革を迫られるようになりました。

また、教員の働き方についてもブラック企業のようだと揶揄されるようにもなり始めた頃でした。

このような動きは全附P連でも徐々に話題になるようになり、アンテナの高いPTA会長の中には、働き方も変えない、戦略もない前例踏襲、旧態依然とした自校の体制に苛立ちを感じる方もいたようです。

そのような全国的な流れを本校のPTAもいち早く察知し、改革に対する後押しをしてくれました。

PTAも改革

また、この学校改革……特にスクラップはPTA活動にも波及しました。実は、学校だけでなく、PTAの行事や取組も前例踏襲で、役職や時期によっては、毎日のように学校に来なければならない状況もありました。

このPTA改革には、女性の役員さんが大活躍をしました。本当にやめていいのか、二の足を踏む男性役員に対して、

「これはやめましょう。毎年やっていたから、切れなかっただけです。」

「これは学年ごとではなく一つにまとめて全校でやりましょう。一度ですむので、兄弟姉妹の多い家庭は助かります。」

など、実にてきぱきとスクラップ＆スリムをかけていきました。

現在ではずいぶんすっきりした活動になりましたが、ＰＴＡ会長はＰＴＡ改革について、全国や九州の大会で発表する機会が増えたので、そこだけは、「ビルド」になったようでした。

【インタビュー　宮永尚前ＰＴＡ会長編】

―宮永さんは、附属小学校の改革を副会長・会長という立場で見守ることになりましたが、この改革にどのような印象をお持ちですか。


とにかく改革のスピードは速かったです。

スクラップについてもスピード優先で、学校側から保護者に対する説明不足で不信感が募るところがありました。というのも、保護者にとって附属小学校で行われていることは

「伝統」だと思っていることが多くあります。保護者の保護者を含めて、3代に渡って附属に通っている家庭も少なくなく、父母はもちろん祖父母からも異論の声が出ることがありましたね。

そんな声が大きくなり、夏休み後に私たちPTAの役員と学校の幹部と話し合いを持ちました。

そこで、私たちが訴えたのは、「説明をきちんとしてほしい」いうことでした。学校側からは、附属学校の危機的な状況等の理由は聞きましたが、理屈はともあれ感情がついていかないということが大きかったと思います。厳しいやり取りにもなりましたが、学校のビジョンやベクトルの方向はわかりましたし、そこにかける思いや熱意も感じました。学校からも説明不足だった点は改善の約束をもらいましたし、事実、これ以降は何かあれば会長である私に校長先生から連絡や相談をもらうようになったので、それからは、学校との意思疎通がとても密になりました。

この話し合いが始まる前までは、校長先生は敵のように見えていたので、いま思えばとても意義のある話し合いでした。（笑）

―改革の前と後とで変わったと感じることはどんなことですか。

前の附属小学校は、長年勤務している先生がいて年功序列が効いている印象でした。独自の文化が成長しすぎてしまって、子どもたちも先生もそこに時間をかけ、疲弊しながらやっていたように思います。先生方の残業は常でした。

ですから、ここにメスを入れたことは的確だったと感じています。効率的でなく惰性でやっているものをやめていくにはゼロベースでやらないとできなかったと思います。

いまは、若い先生が増えて活気が出てきたと感じます。「フリートーク」や菊池省三先生の「褒め言葉のシャワー」の取組はとてもよいと思います。

―子どもたちの変化はありますか。

とても積極的になったと思います。

あいさつや掃除の様子などで特にそう感じます。元気なあいさつをする姿を見て生き生きしてきたと感じますし、掃除ではメリハリのきいた受動的でない姿になってきました。「フリートーク」や「褒め言葉のシャワー」の取組で気持ちが前向きになってきたのではないでしょうか。

また、外国語活動で外国の方に話をする機会もあり、こんな積極的な姿もこれまでとは違うなと思います。

―学校改革と連動してＰＴＡ改革を進めましたが、その成果をどのように感じていますか。

学校と同じように、一つひとつゼロベースから吟味して、必要なものだけを残しました。そしてそれらを効率よく取り組めるよう組織改編をしました。

その中で、だのはる倶楽部（男性保護者の会）が新設されたこともあり、ＰＴＡ活動にかかわる人が増えました。

女性副会長（総務）の仕事も削減されましたが、ここはまだ仕事量が多く心苦しく思っています。しかし、役員をはじめ全体の仕事や拘束時間がスリムになり負担が軽減されたことで、役員決めの際のゴタゴタがなくなり、結果的に活発で盛り上がってきたように感じています。

―ほかに感じていることがあれば教えてください。

改革と関連しているかわかりませんが、以前は保護者間のトラブルで学校に来ることが少なからずありましたが、ほとんどなくなっています。

校長先生が替わっていってもマインドが引き継がれていることがよいと感じています。

4　じわじわ効いてくる外部や学部の評価

担当室長訪問

平成28年に発足した「国立教員養成大学・学部、大学院、附属学校の改革に関する有識者会議」に先だって、平成27年頃から、文部科学省では、担当である高等教育局大学振興課教員養成企画室の柳澤好治室長（現在は総合教育政策局教育人材政策課長）が、さまざまな場で教員養成系大学や附属の在り方について語られることが増えていました。

その柳澤室長が平成28年2月に大分大学の講演にいらっしゃいました。そして、急遽本校にも訪問するようになりました。準備しようにも時間はありません。全員で取り組んできた英語の授業（モジュール）を全学級で見ていただき、その後、現在進行形の改革について説明をしようということになりました。

しかし、その訪問の日の朝に衝撃的な新聞の記事が、飛び込んできました。それは、柳澤室長が大分大学の講演で語ったことでした。概要は「いま、国立教員養成大学・学部、大学院、附属学校は改革を求められている。大分大学教育学部は、今のままでは、統廃合の対象となるトップグループの一つになりかねない」というような内容でした。

その新聞を手に、改革が間に合わなかったと呆然としながらも、ありのままを見ていただこうと、腹をくくってお迎えしました。

客観的な評価

柳澤室長が来られた際、改革の方向性について校長と教頭が、組織や管理に関わることついて主幹教諭が、指導に関わることについて指導教諭が説明しました。また、英語の授業参観では指導教諭が随行し、各学級の英語の授業を小中連携の取組の成果などと関連させながら解説しました。

ひと通りこちらからの説明が終わった後に室長が、

「学校全体としても、数多く見てきた附属学校の中でも別格のよさだったと思います。教育内容面では工夫されているとか、運営面では先進的とか、ある部分が優れている学校は多いですが、教員の意識や教え方も含め、全体が優れていて、それらが有機的につながるという理想型が実現できていると思います。私は大学や附属を統廃合するために回っているのではなく、よりよい方向に改善していただくためにお話をしているのです。しかし、その話をするときにみなさんに示すべき好事例がない。ここをその事例として活用したいので、いままでの取組をまとめてもらえないでしょうか」

と、思いもかけない言葉をいただきました。

その後、本校の改革をまとめたものを資料として提出させていただきました。程なくして、室長は本校の事例を全国の他大学や附属に改革の具体として発信してくださいました。

おかげで、平成26年度にはなかった視察が少しずつ増えるようになりました（次頁の表を参照)。

柳澤室長は、その後も本校が取り組んだ教育実習改革の様子を視察に来てくだっています。この文部科学省担当室長の訪問とその後の評価は、文部科学省以外の外部からの本校への評価に大きな影響を与えました。

そして、それがまた本校の児童や保護者、職員を変えていくこととなるのです。

後日譚ですが…柳澤室長の電撃訪問には他意はなく、せっかく大分大学に来たので、帰路にある附属学校を担当室長の立場として視察したい、現状をそのまま見せてもらえばという気軽な思いだった…ということでした。

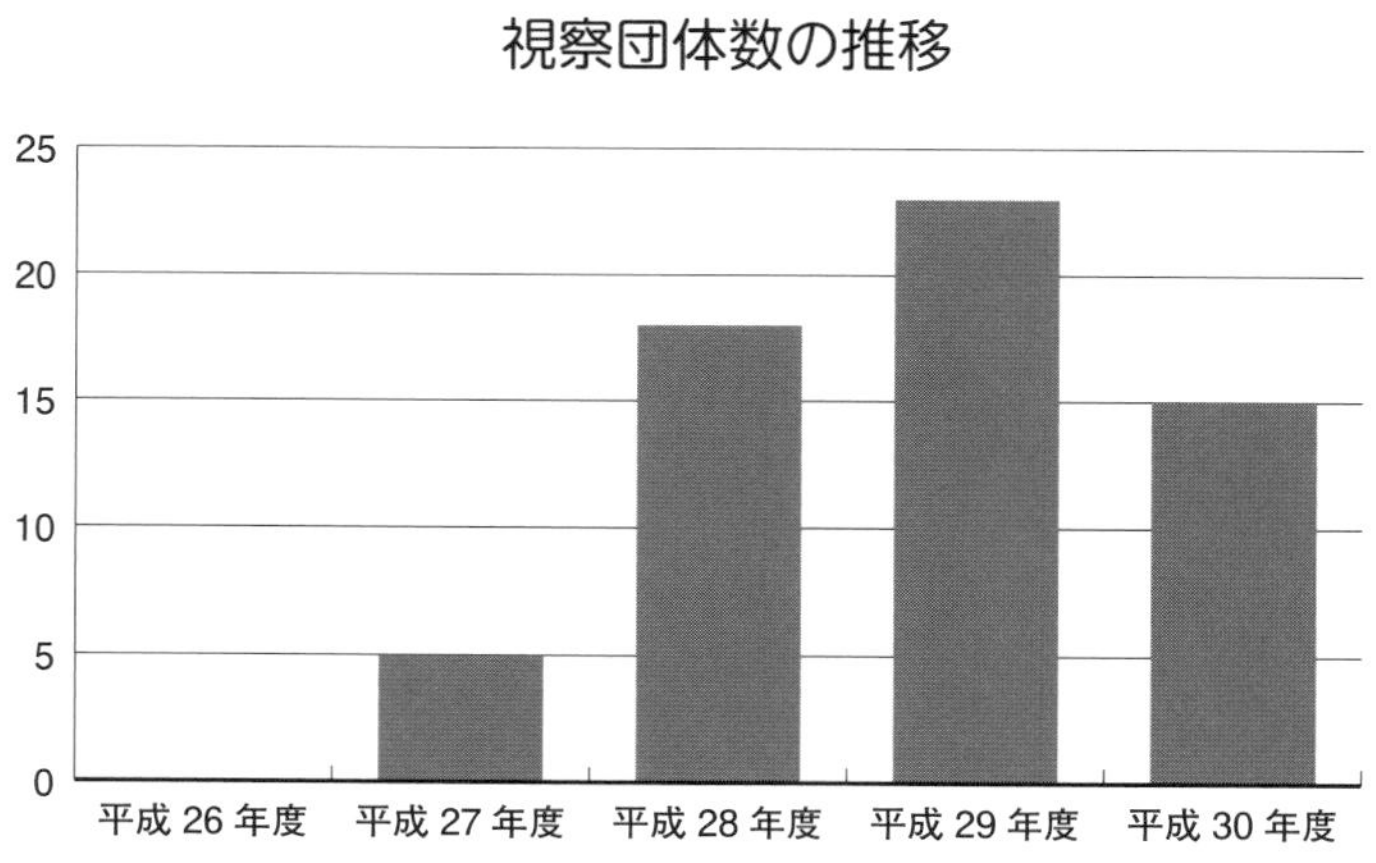

【インタビュー　文部科学省　柳澤好治課長編】

―最初に本校に来たときの率直な印象をお尋ねします。

まず、各学級の授業を見せてもらいましたが、この学級の今の活動が、学習指導要領のどの記述を意識して、どんなねらいを達成しようとして行っている授業であるかを説明できるところが、他校との顕著な違いでした。また、どの学級でもすべて自由に見ていただいてよい、というオープンさも、他校とは違うと思いました。

さらに、小学校の外国語活動は、どうしても自信なさげになりそうなのに、どの先生方も、あたかも短期留学経験くらいはあるかのように、自信を持った様子で、短いフレーズの英語をうまく使ってリズムよく子どもたちのコミュニケーションを引き出しており、「付け焼刃ではないな」と強烈に感じました。

―マイナス面もあれば聞かせてください。

すばらしい活動をしていながら、これまで大分大学教育学部附属小学校の取組のよさの情報が文科省にまったく届いていなかったのは、端的によさをアピールできる資料がないことと、附属学校が大学に対してすらー十分アピールできていないことによる、とも強く感じました。

―本校のこの5年間の取組のどこを評価してくださっているのでしょうか。

平成27年度末に私が期待する「よさをアピールする資料」のごく簡単なイメージだけをお送りしたところ、それをベースに、自校の課題とその解決方法だけでなく、改革により業務のスリム化がどう進み、教育効果の向上にどうつながっているかを、ビフォー・アフター形式で示し、さらにアンケート結果や数値の変化等も駆使した資料として示してこられたところです。

そのようなエビデンスベースの取組が、同大学の教育学部にも好影響を与えていて、教育学部が文科省に示してくる資料のわかりやすさや説得力も、ここ数年で格段に向上しています。

また、その後も、新たな課題を見つけ、その改善のための取組に着手しておられる新鮮さが常にあり、一方で、それだけの取組をやっても業務過多にならないくらいに業務の徹底的なスリム化を進め、保護者との関係は良好で、育休を取る男性職員や、附属学校への赴任を希望する教員が増えているなど、他の附属学校ではあまりないであろう状況を生んでいます。

さらに、学校幹部が上京する機会などに文科省に積極的に立ち寄って、現在の取組の説明をされるとともに、よりよい取組のためのアドバイスを求められるという、前向きな姿勢も大変すばらしいと思います。

もう一点、同校の先生方が、ベテランも若手も、文科省に対する変な距離感を感じておられないところもよいです。教師としてのプライドを持ちつつ、同じ目標に向かって役割分担しながら進む仲間として私たちをとらえていただいている様子が感じられるからこそ、こちらも思ったことや改善提案を率直に言いやすいです。

―今後、本校に期待することをお聞かせください。

これまでの改革の流れを、学校幹部が交代しても変わらないよう、確実なものにすることです。貴校は、他校種の附属学校、教育学部、教職大学院、さらには他大学の附属学校とも強い関係を築き、さらにはマスコミや学校教育関係者以外ともつながりを広げつつあります。このようなネットワークの中に自校を置く動きは、改革路線を止めないための方法としても大いに有効だと思います。

また、全国的に行政も学校もエビデンスベースの取組を模索している中、学校におけるエビデンスの示し方の模索・改善とその先進事例の提示・アピールに、今後とも挑戦し続けていただきたいと思います。そのような国立大学附属学校の取組に刺激を受けて他の学校が新たなエビデンスの示し方を編み出す、ということの繰り返しが、日本全体の教育の質を高めていきます。その渦の中心付近に常に貴校がおられる、という存在になっていただけることを期待します。

国立大学の附属学校である以上、そこに通う子どものためだけでなく、近隣、あるいは全国の学校にとって有益となる価値を生み出していただく必要があります。そのような「附属学校のあるべき姿」を、めざすべき理念のままで終わらせず、具体的に目に見える形で示す挑戦を続けておられるところがすばらしく、その動きをさらにパワーアップしていただきたいです。

学部との関係も変わりはじめる？

学部との関係がよくなったのは、平成28年度の入学式に古賀精治学部長が来てくださったことが大きいと思います。

本校が改革を断行していた平成27年度は、本体である大分大学教育学部も改組（教育福祉科学部から教育学部に改組）に向けカリキュラムの再編など学部内の改革で多忙を極めていましたので、附属までは目が行かない状況だったと思います。

そんな中、学部長が入学式に来てくださったことは両者の関係回復への大きなきっかけでした。

短い時間でしたが、本校が大分大学の選択した「地域のモデル校」になるべく、どのような改革を行ってきたのか、また、教育実習に関わる連携などを話すことができました。この学部長の訪問から学部との距離が大きく縮まったのは間違いありません。

視察を通して

平成28年より本校に視察に来る大学や附属学校が増えました。特に大学からの視察の時には学部にも声をかけさせてもらっています。有り難いことに、時間が合えば学部からも学部長や連携統括長、事務長などが参加してくださいます。

そこで、時々聞こえてくるのが、大学と附属の関係がよくないということです。そして、視察に来てくださった方々はみな、

「大分大学と附属は関係がよいですね。附属の視察にこのように学部からも先生方が参加されている。うらやましい。」

と、言ってくださいます。実はこのような、おほめの言葉をいただくごとに、本校と学部の関係はどんどん良くなったと思います。何より、同じテーブルに着く、共に同じ時間を過ごす、双方の思いを聞く機会が増えることで距離が近くなっていったと思います。

【インタビュー　教育学部の先生方編】

附属に対する印象のビフォー、アフター

古賀精治教育学部長　川嵜道広附属校園連携統括長　御手洗靖実習委員長　結城智己教育学部事務長

―以前の附属小学校との関係についてお聞かせください。

以前の附属小には県の教育課題に応えようと提案しても、長い間の独自の研究を大事にしていたため、受け入れられることはなかったと記憶しています。

研究は、職員による炊き出しをしながら遅くまで先輩教員の指導を受けるということがありました。年次制を含め、附属のすることには一切口を出せない雰囲気もありました。

現在附属小は外国語に力を入れていますし、その他の教科でも「小学校の担任だからどの教科もできて当たり前」という意識が高くなっていますが、以前は「自分はその教科の担当じゃないから、いろいろ言わないでください」という意識が強かったようで、大学教

員としてはものが言いにくい雰囲気がありました。

教科によっては、大学教員の言うことに対して、「はい、それは理論だからね」という雰囲気もありましたが、いくつかの教科によっては、よい関係を持ちながら研究を続けているものもあります。それでも研究内容は県の教育課題を意識したものに変わりつつありますので、その点はよいことだと思います。

―ここ数年附属に見学に来てくださる学部の先生方が増えました。きっかけは学部長が入学式に来てくださったことだと思うのですが、そのあたりのいきさつを詳しく聞かせていただけますか。

平成28年度から学部の組織も大きく変わりました。附属が平成27年度から改革に取り組んでいたことは聞いていましたが、入学式に参加して、「あれ、これは何か雰囲気が違う」と直感しました。その後、校長先生や何人かの先生とお話をしたときに「これはいい方向に変わっているな。」と確信に変わりました。

以前は附属学校の校長は、学部の教員が兼務し、副校長として県から赴任してもらうようにしていたため、学部のガバナンスも副校長のリーダーシップも中途半端な部分もあったと思います。平成27年度より連携統括長を四校園（附属小学校・附属中学校・附属特別支援学校・附属幼稚園）のトップに置く体制へ組織改編を行いました。連携統括長の設置は全国の附属校園をみても早いほうだったと思います。このことで、学部のガバナンス意識も高くなったとともに、各校園長のリーダーシップと目配りが効くようになったと思います。

―つまり、組織を変えた、組織マネジメントを行ったということですね。

そうです。その結果、校長がリーダーシップを発揮するようになりました。また、連携統括長がいることで、校長が独善的になることにストップがかけられるとともに学部とのパイプも機能しました。結果、附属の独自性を保ちつつも「県の教育課題に応える」という大前提を違えることなく新たな関係を構築できつつあると思います。

学部と附属が同一歩調であるため、県との関係も改善されつつあります。平成20年度の教員採用選考試験等に係る贈収賄事件以来、大分大学と県教委はまったく話ができない状況にありました。しかし、教員の養成に関わる附属と学部が、県の教育課題を強く意識した指導をすることを強く打ち出し、実際に指導することでその関係は随分変わってきました。

―県の教育課題を意識した教育実習を行うために事前の教材研究・指導案作成などについて学部にも随分ご無理を申しましたが、学部の受け止めはどうなのでしょうか。

正直、最初は大変でしたが、学生の底上げにつながっていると思います。以前はとにかく1時間の授業を細かくつくることに重点が置かれ、重箱の隅をつつくような指導がされていたと思います。学部で大学の得意分野である教材研究、教材の価値などを指導し、大まかな流れを考えた上で実習に臨むことで一つの授業を単元の流れの一つとして捉えることができているのではないでしょうか。

他県の話ですが（重箱の隅をつつくような）実習があまりにもきつく、教員になることを考え直す学生もいるようです。しかし、本学ではそれはないですね。もちろん、学生にとって教育実習はきついと思いますが、教員としてのやりがいを感じその後の学部での受講態度が変わる学生もいます。

大分大学は地域の中で成果を出して認められなければなりません。平成27年度以降、教育実習でも県に目配りしながら学部と附属が連携し、情熱を持った教員を送り出せているのではないかと思います。

―これからの附属に望むことがありましたらお聞かせください。

これは学部側の問題だと思うのですが、外部への発信などまだまだだと感じます。学部と附属の関係がよくなってきたのは、附属が国や県に認められてきたからだと思います。平成29年度に全国に向け、学部と附属の連携についてのシンポジウムを持てたことで学部全体の附属小学校に対する見方が随分変わってきましたが、連携という部分では実習以外はまだまだ薄いと思います。

いまでも附属の使命を意識して取り組んでおられますが、継続していってほしいと思います。特に、管理職が変わっても方向性が変わらないシステムを今まで以上に大切にし、大学とも連携していってほしいと思います。

他県からの視察のもたらす効果

柳澤課長（当時室長）の来校以来、多くの視察を受け入れ，一定の評価をいただきました。この視察が増えたことで、その対応のために経営会議のメンバーをはじめ職員には少し負担をかけてしまったことは否めませんが、改革の手応えを得たことも事実です。

改革をして、児童が変わり、保護者も応援してくださるようになりました。学部との関係もよくなってきました。加えて、毎月のように他県からの視察があることで、この改革が評価されていると思わない職員はいません。

また、研究会などで県外の会議に行くと、

「あの大分大学教育学部附属小学校ですか。改革で評価されていると聞きます。」

と、言われることも増えてきました。人間とはおかしなもので、外から間接的に評価されると、信憑性が高いように感じてしまいます。

他県から視察が増えていることは、やがて県教委の耳にも入り、それが県の教育長の視察へとつながりました。めざすところが「地域のモデル校」である本校にとっては、実に有り難いことでした。

この教育長訪問をはじめ、県教委の方々の訪問や一定の評価は、「地域の役に立てているのかもしれない」ということを実感させてもらえます。このことは附属の職員の大きなモチベーションにつながるのです。

また、この行政関係の方々の評価が、本校で行っているセミナーなどでの先生方の参加人数に大きく関係します。本校のセミナーではいつも大分県教育委員会に共催をお願いしており、おかげで各学校にチラシなどを配布することができます。ただ、チラシを配布すると同時に、各教育委員会の方々が校長会や教頭会、担当者会などで「附属の英語はなかなかいいよ。」と言ってくださることが大きいのです。それは、参加に迷っていらっしゃる方々の背中を押してくれるからです。

そうやってセミナーなどに参加してくださった方々の「ちょっと背伸びすればできそうな授業だった。」「私たちの少し先を行く授業を示してくれた。」「調査官からの厳しい指摘やダメ出しも勉強になる。」などの言葉は、本校職員の大きな喜びとなっているのです。

応援団の存在

大分県の教育界のために「附属を元気にしよう」「先生たちが目標になるような附属

にしたい」という思いを持って、附属改革の像を描いた人やそれを応援してきた人たちがいました。それぞれの立場から、それぞれができる形で応援してくださっています。

本校が他県に評価されていることをさりげなくつぶやく、宣伝するような方がいなければ、教育長訪問やセミナーへの多くの参加者を得ることはできないのです。

その方々に、現在の附属をどう評価してくださっているのか伺っています。

【インタビュー 大分県教育庁大分教育事務所　米持武彦所長編】

―本校の改革にはどのような意義があるとお考えですか。

大きく3つの意義があると思います。

一つめは、「伸びた子どもの事実をつくる」学校を再認識するという意義です。

このことは、以前から大分大学附属小が大事にしてきたことと思っています。今回の学習指導要領の改訂では資質・能力（何ができるようになるか）の育成をめざしますが、そのことと同じ意味があると捉えられます。しっかりと学習指導要領に基づき、子どもの姿を根拠に語ることのできる学校、どの子どもも伸びる学校を再認識するということです。

二つめは、県内唯一の教育学部附属小学校としての機能をきちんと果たすという意義です。

本来、本附属小学校には、県内の学校の実践に具体的に役に立つ事例を提供することが必要でしょう。そのためには、県内の学校経営や教育実践の課題を整理し、現在で言えば、本県が示している「新大分スタンダード」の実践モデルとなるような授業を提供することが大切だと考えます。加えて、養成期の実習生指導で、そのモデルを直に見せながら、育成指標に基づいて教員に必要な資質・能力の素地を身につけさせることです。

三つめは、大分県のめざす教職員の人材育成を行う教育機関になるという意義です。

現在附属は県内の人事地域の一つになっており、県内教員であれば誰にでも異動希望が出せます。また、県教育委員会としても、人事異動を人材育成と捉えて、将来県の内外で活躍するリーダーとして、計画的に養成していくことも必要だと思うのです。

―現在の本校をどのように評価しておられますか。

先に述べた意義とも関わりますが、学習指導要領を踏まえて、どの児童にも力と意欲のつく質の高い教育を施す体制の整った学校になってきていると思います。特に、県の教育課題に応えようと、学級経営をベースに「新大分スタンダード」に基づく授業づくりにも力を入れ、大学とともに教育実習指導を行っている点を評価しています。

また、学校を伺って感じることですが、学校の雰囲気が非常によくなっているのを感じます。あいさつはもちろん、声をかけてくれる子どもが増えました。授業改善はもとより、改革の中で本附属小が大事にしてきたあいさつなどの3つの取組に加え、先進事例を積極的に取り入れたフリートークや外国語教育の実践の成果も大きいのではないかと思います。

それらの取組が可能になったのも、働き方改革によると思います。それを阻んでいた前例踏襲を大きく見直しましたが、それは、「伝統」をやめてしまったというよりも、「やること」「形」を守るという慣習を変えられたと思います。何より子どもと向き合う時間をつくることで、他者を尊重し個性を発揮できる子どもをこれまで以上に実現しようとしていますし、それはいまの学習指導要領のめざすところでもあり、さらには、実際にそのような子どもの姿が増えていることが実感できるのです。

課題も感じています。それは、働き方改革の最中だとしても、学校や個人の受信・発信がやや足りないということでしょうか。年齢に関わらず、力のある先生方がもっと県内外で活躍してもよいと思っています。学校の行う研究会やセミナーだけでなく、学会や教育関係雑誌などでその実践を積極的にアピールしてほしいと思います。また、特定の手法や考え方あるいはそれを進める実践者に左右されずに、それぞれの実践を持ち寄り議論するような少人数の研究サークルをつくり、自分たちの許す時間にスキルを上げていくような主体性を持つことです。それが、個人の力量を上げていくだけでなく、職場や県内外の先生方にもよい刺激になると思います。

―今後、本校に何を望んでおられますか。

学校改革モデルや授業モデルとともに教育課程モデルを示していくことです。特に、各教科の中でも要所となる単元の展開や習得・活用・探究の授業モデルを順次つくり、示してほしいと思います。

大分県教育委員会では、各教科や「総合的な学習の時間」の単元プランのモデルを少しばかり示していますが、まだまだ不十分です。まずは小学校がいま求められる学校の教育目標を実現するための教育課程を編成・実施するとともに、さらには、中学校と連携し、めざす子ども像や教育課程を一貫させたモデルを示してほしいと思います。また、問題解決的な活用や探究の場面の授業は割に多く行われるようになったと思いますが、習得場面の質の高い授業モデルはほとんど見かけませんし、提案もないように思います。先生が先導して教えるべきところをきちんと教えているいい授業は、実は話題になったことがないように思います。

今後は、回り始めた本校の学校改革・改善のＰＤＣＡサイクルを止めることなく、県内の先生方が授業をつくるときに参考にしたいと思えるような実践を公開・公表し、教科やテーマを絞って行うセミナー等で実践を交流してほしいと思います。また、質の高い事例や積極的に改善を進める人材が県内に広がり、子どもたちにとっては、県内のどこにいても良質の教育が受けられるエンジンとなり始めていると確信しているところです。

5　まじめなだけに変えられない教師の意識改革

波乱の校内研修　～語り～

改革に舵を切り、児童の姿や保護者の方々の理解はずいぶんと変わってきました。また、大学を初めとした周りの大分大学教育学部附属小学校に対する見方も少しずつ変わってきました。

本校の職員の多くは改革に賛同し、経営会議や運営委員会での決定に従い、それぞれの持ち分を精一杯に努めてくれていました。

しかし、一方で経営会議のメンバーに対する小さな不満が澱のように静かに溜まってしまっていたことも事実でした。それが、爆発したのは平成28年度に入り、河野校長の体制に入ってからです。

本校では職員会議はありませんので、校内研修の時間が大部分の職員が集まって論議する時間でもあります。その校内研修の時間についに吹き出しました。話題は「総合的な学習の時間」の方針についてです。

その方針に不満を持つ、30代の職員が口火を切りました。

「その方針には、反対です。」

と。同じような意見が同年代の若い職員数名からからも出されました。そして、彼らの本心がついに言葉となりました。

「いつも、自分たちは何も知らない間に決まっている。」

「公立では職員会議で自分たちの意見を反映してもらっていた。」

険悪なムードが漂いましたが、経営会議のメンバーを代表して指導教諭が発言しました。

「何も知らないなんてことはあり得ませんよ。確かに急ぐ案件のいくつかを経営会議で校長が決定したことはありますが、多くは運営委員会にみなさんの代表である学年主任が出席し、決定に至った背景も理解してくれています。そのことは学年会でお伝えしてもらっているはずです。総合的な学習の時間の方針についても、みなさんの代表である総合部会のみなさんと協議しています。一方的に決めているなどと言われ、心外です。」

研修終了と同時に、学年主任統括が緊急学年主任会を招集しました。

学年主任会の発足　～語り込み～

緊急学年主任会では、以下の点が確認されました。

- 職員会議がない分、学年主任には若い先生たちの声を拾うとともに運営委員会で伝える。そして、そのつもりで運営委員会に参加する。
- 運営員会で決まったことは、その背景とともに伝える。
- 自分たちが人材育成を担っているということを自覚する。
- 定期的に学年主任で集まり、情報共有する。

学年主任を中心に学年主任間はもちろん、学年部の先生方と語り込むことを確認した会になりました。

それからの学年主任統括の動きは、彼本来の実力を遺憾なく発揮することとなりました。

月1回の学年主任会を開催するようになったのはこの頃からです。学年主任会で必ず話し合われる項目が2つあります。それは、「更なるスクラップ」「人材育成」についてです。

この学年主任会の開催と話し合われる項目は学年主任統括が替わり学年主任のメンバーが替わったいまでも続いています。まさに、この学年主任会が本校の要であり、人材育成の場になっているのです。この学年主任の考えて動く姿を毎日目の前で見ている若い職員に与える影響は計り知れないものがあります。

平成27年度の改革で、人材を生かせるシステム、組織をつくりましたが、うまく機能するための、「なぜそうするのか」「各自にどのような働きをしてほしいのか」という「語り込み」が不十分でした。

平成28年度からの河野校長体制では、27年度につくったシステムの動きを点検し、微調整をしていきました。マイナーチェンジを繰り返す3年間といったところでしょうか。

そのマイナーチェンジの中で、現在までの間に、学年主任だけでなく、各自が校内で主となる分掌を1つ以上は持つようになりました。また、年に3回以上、管理職と面談し、各自の思いを引き出すとともに、管理職として「各自にどのような働きをしてほしいのか」「附属で何を身につけてほしいのか」を「語り込む」ことで、自覚的に動くことができるようにしています。

組織は「人」です。しかし、優秀な人に頼る組織ではなく、優秀な人を生かす組織、優秀な人を育成する組織でなければ先細るばかりなのです。

実際にこのマイナーチェンジの作業は根気のいる作業でもありました。この指揮を執った河野校長と当時の教頭だった時松現校長のつなぎなくしては、いまのように職員や児童の力を引き出そうとする学校にはなり得なかったと思います。

（時松哲也・山田眞由美）

第3章

あなたにもできる！
ここから始める
学校改革

1 まずはできることをして成功体験を！

第2章では、本校の成功や失敗をもとにご提案させていただきましたが、やり方はさまざまにあると思います。ですから、大分大学教育学部附属小学校のやり方を踏襲することが目的にならないように、ご自分の学校にあったやり方は何なのかを見いだすヒントにしていただければよいかと思います。

本校も改革にあたって、優れた先行事例や理論を取捨選択しながら活用させていただきました。

「いいわけ」をやめる

最初にやめなければならないことは「いいわけ」です。

このご時世、できない理由を並べられない学校のほうが少ないと思います。この本を手にとった方はその時点でそこはクリアしているかとは思いますが、まずは、「いいわけ」をやめて、できそうなところから取り組んでみてください。

成功している先行事例をうまく使って、こうすればできそうだ、ここからならできるという発想で取り組んでみてください。

すぐにできそうなことを、すぐにする

さまざまな学校事情があると思いますが、すぐにできそうなことをやって成功体験を実感する、もしくはしてもらうのはどうでしょうか。

やる意志はあっても、周りの人を変えるのは本当に難しいことです。自分の気持ちは変えられますが、他人の気持ちはなかなか変えられません。本校でも職員のベクトルがそろったと実感するには1年以上かかったと思います。

また、ベクトルがそろっても職員の人事異動がありますので、4月から、新しく入った職員への説明や意識改革が常に必要になってきます。

では、どうすればいいのか。すぐにできそうなことをすぐにすることです。

本校でも実践した職員間で「すぐにできたこと」をご紹介します。

・いらないものを捨てた
・職員室の模様替えをした
・調子の悪い比較的安価なラミネーターやシュレッダーなどを買い換えた

この3つに共通していることは、「できない」といういいわけが出にくいことや仕事の効率化につながる、ちょっとした達成感があることではないかと思います。学校現場でどこに何があるかわからずに、かなりの時間をかけて物を探すということはないですか。棚ごとに整理したり、ラベルを付けたりすることで探す時間は減り、作業効率は上がります。何より、職員室がきれいだと気持ちがよいですからね。

また、使い勝手の悪い修理の必要な機械など「誰かが修理する」という勝手な思い込みでそのままになっていることはありませんか。そのようなものは「誰も捨てない」「誰も修理しない」ということに気づくことができます。

提案文書を変えることは一人からでもできる

しかしながら、職員全員を巻き込むことが難しいのなら、ご自分の分掌を利用するという方法もあります。本校では、提案文書や提案の仕方の基本形を揃え、話し合うことは端的にわかるようにワンペーパーで示すようにしています。

コンパクトな提案は多くの人に喜ばれると思います。特に若い先生や長い会議を変えたいと思っている人には賛同を得ると思います。仲間が増えればしめたものです。

ちなみに、本校では行事などが終わったら、その都度担当が総括し、次年度の担当がほぼ提案できる状態にまでにしたものを残します。

初年度は大変ですが、次の年からの提案は前年の反省を生かしたものがあるので、微修正ですみます。何より、反省点が生かされていますから、前例踏襲にならずにすみます。

子どもへの指導ならば、日常の取組から

子どもへの指導でも同様です。第2章の第2節でも述べましたが、

- 教育的価値が高く、児童も職員も納得して取り組める
- 身近で毎日取り組むことができる
- 具体的で変容が見えやすい
- うまくいくとみんなが気持ちいい
- 全職員で取り組める

というものが、ないか探してみてください。

本校では「掃除」「あいさつ」「トイレのスリッパそろえ」を全校で取り組みました。結果が見えやすく、児童にも先生にも達成感が得やすいものがよいきっかけになると思います。

学校現場は大変忙しいです。何か新たな大きいことをするのではなく今あるものをうまく活用してください。

その際、掃除などでは児童がうまく取り組めるように、道具や掃除区域など新しい目で見直すことは必要かと思います。実は道具が使いにくかったからうまく出来ていなかったということや掃除道具の使い方自体がわかっていなかったなどということがあるようです。

校長の「全校で働き方改革に取り組んでいます」は大きい

何かをやめるときに、全校で一斉にやめるというのは、職員の精神的な負担が少なくてすみます。全校で一斉ですので、例えば若い先生が保護者や地域の方に説明を求められても

「学校で決まったことですから。」

と、言えるのは大きいと思います。ここで、足並みが揃っていなければ

「○年○組の○○先生はやってくれているのに。」

という保護者や児童の不満が水面下で広がり、やがては噴出し、結果として保護者にも職員間にも不信感が蔓延することになります。

そうならないためにも、「全員が一斉に」でなければなりません。

もし、この本を手にしてらっしゃるのが校長先生であれば、ＰＴＡの総会や文書で「本校の職員が子どもと向き合う時間と心の余裕をつくるためにも、積極的に働き方改革を進めていきます。」などと宣言していただけると、やりやすいのではないかと思います。もちろん、事前にＰＴＡ会長や役員に、先生方がいかに多忙か実例を挙げて説明されることが大前提です。

学校側が大事だと思っていることでも、保護者目線で見るとそうでもなかったということも結構ありました。本校が取りやめた夏休みの一斉家庭訪問はその一例です。ちなみに本校には他県の市議も市の先生たちの働き方改革のために視察に見えたことがあります。市議など行政が力になってくれたら本当に有り難いですよね。

公立校での実例を

本年度、本校から公立の校長に赴任した河野雄二前校長は、そこで実際に働き方改革に取り組んでおられます。

【インタビュー　河野雄二前校長編】

―まず、何から始めましたか。

４月に赴任した時、職員会議の議題の多さに驚きました。そこで、４月の一番忙しい時期に全員で話し合う必要がある内容なのか、それとも全員で話し合わずとも小委員会等で話し合ってもよい内容なのかを教頭先生にお願いして整理してもらいました。その結果、職員会議で話し合うべき内容が減り、先生方が学級の業務をする時間が増えました。その後になりますが、組織も変えました。職員会議はなくし、経営会議と運営委員会で回すようにしました。

それから、実際に子どもたちの姿を見て、改革していく方向性を見定めました。附属でしてきたことがそのままできるとは限りませんので、まずは子どもの姿、先生方の様子から方向性を決めていきました。新しく立ち上げるのではなく、既存のものの「やり方」を変えることやよい先行事例のあるものをどのタイミングでどこに入れていくかを見定める必要があったからです。

―子どもの様子はどうでしたか。

子どもたちの様子を見て、附属で行ってきたことがかなりが使えると思いました。実際に話をしてみて「この子たち、いいな！」と思ったのです。とても素直でがんばることのできる子どもだと感じました。早速附属に連絡して、掃除やあいさつ、フリートークやほめ言葉のシャワー（菊池省三氏の実践）の資料を送ってもらいました。菊池先生には、実際に来ていただきました。

―先生方の反応はどうでしたか。

4月当初の職員会議の量が減ったことは、かなりインパクトがあったようで、その日のうちに学年主任などミドルリーダーの先生方が数人校長室に来て、

「校長先生助かりました。働きやすいです。」

「私たちに何ができますか？」

などの声をかけてくれました。

管理職がリーダーシップと責任をとることは言うまでもありませんが、何より職員のベクトルがそろわなければ、改革はできないと感じています。そのためには、管理職と職員をつなぐミドルリーダーの存在が大きいと附属で身をもって感じていましたので、非常に心強く感じました。

―その後の展開を教えてください。

５月の家庭訪問を学校訪問での三者面談に変えました。また、全世帯に、18時以降の電話はご遠慮いただくようお願いの文書も出しました。学級連絡網もメールに変えるなど、事前にＰＴＡ会長にも相談して決めました。

また、附属から送ってもらった掃除のビデオや掃除の仕方マニュアルを先生方だけでなく、子どもたちにも見せ、縦割り無言掃除にも取り組んでいます。７月に取り組み始めましたが、子どもたちの姿が劇的に変わっています。

子どもたちに具体的によいイメージを示すことができたことと、先生方に具体的な価値付けや見取り方を示すことができたことが大きかったと思います。

本校は総合的な学習の時間の研究に取り組んできた経緯もあり、課題を見つけ探究していくという素地はできていると思います。掃除は、その探究のサイクルの日常生活版のようなものです。毎日できるし、課題と成果が見えやすいので、次の日には改善につながるというのもよいと思います。

後は、業務改善できるところ洗い出し、先生たちが子どもと向き合える時間を生み出していけるようにしなければならないと思っています。また、職員のベクトルがそろうように人材をより生かせる場をつくらなければと思っています。

2 スクラップは、志と夢の実現

「やめる」という英断

すぐにできそうなことから着手することと並行して、いやむしろ先行してやってほしいことがスクラップです。繰り返しになりますが、いまの学校現場は長年のビルド文化によって業務は飽和状態となっています。

おそらく多くの学校が慢性的な多忙感に苛まれていると思います。これについては、いまの取組がうまくいっていないから課題があると割り切って考えることをおすすめします。ゼロベースからの見直しです。長年積み重ねているとか伝統とかいうものも例外なく見直すことが大事です。

「これはなぜしているのか」「十分成果をあげていて発展的解消でよいのではないか」という視点で見渡すだけでも意外とたくさん見つかるのではないでしょうか。意義を説明できないものはやっても成果は望めないはずですし、思い入れがあるものであっても「発展的解消」という捉えであれば受け入れ可能だと思います。

「やめる」決断と着手は、まずは管理職主導でないと難しいので、管理職の方々の英断をぜひともお願いしたいと思います。

志を持ち、夢を語る

「やめる＝先生が楽をするため」といったイメージを持たれないかとか、自分自身がそう感じてしまうといったことが足かせになる場合がないでしょうか。

スクラップすることは、よりよい教育に不断に挑戦していくために必要不可欠な営みです。パンパンになった業務に空き容量をつくることだったり、創造的な授業づくりと授業改善に向けた自己研鑽の時間の確保だったりと、誇りを持って教職を全うする上で大事な大事な取組です。このポジティブで真っ当な価値付けをスクラップという行為にしてほしいと思います。

その上で、こんな児童を育てたい、こんな学校にしたい、こんな教育を目指したい、地域をこう変えたい、等の志と夢を持ち、語り合ってほしいと思います。志と夢へは賛同者と応援団がついてきます。その人たちに、「このために学校改革を進めている、その第一歩がスクラップだ」ということを伝えてほしいと思います。

学校全体で取り組む

志と夢に向かうためのスクラップというポジティブで真っ当な価値付けを学校全体で共有し、学校全体で同一歩調で取り組むことを大事にしてください。

「やめる」という作業にはどうしても抵抗感が付きまとい、説明を求められることもあります。その際、「学校で取り組んでいる」と学校全体で組織として取り組んでいるとアナウンスができれば、若い先生も心強いと思います。

加えて、ＰＴＡ会長をはじめとした執行部のみなさんの理解があれば、さらなる推進力になります。ＰＴＡ役員の方々や保護者のみなさんは、民間企業等に関わっている方が多いと思います。意図をきちんと説明すれば「業務改善のためのスクラップ」「選択と集中」といった考え方には理解を示してくれる方が多いと思います。ＰＴＡの理解があるということは学校としてこれほど有り難く心強いことはありません。

3　スクラップの視点を

視点は必要

スクラップは業務改善に向けた前向きな取組でありますので、闇雲に捨て去る作業とはまったく異なります。この意義ある取組がブレないように、またきちんと説明できるようにスクラップの視点を持つことが必要です。

本校は、第１章で紹介したように、以下の７つの視点で見直しました。

①子どもの肉体的、精神的負担になっていないか
②年間の授業時数内でできる活動であるか
③法令上守るべき内容を逸脱していないか
④教員の超過勤務になっていないか

⑤教員の負担過多で子どもと過ごす時間を奪っていないか
⑥教員の精神的負担過多及び人材育成の妨げになっていないか
⑦ＰＴＡ活動が会員の肉体的、精神的負担になっていないか

これらの視点のほかに学校・地域ごとに異なる視点もあると思いますので、スクラップをかける際にはまずは視点の検討をされることをおすすめします。

4 エビデンスを利用する

数値には説得力がある

長年の取組をやめてもこれだけの成果があったということを示せると周りはもちろん、先生方も安心し、モチベーションも上がります。自校の改革であれば先生方が「感覚」として感じる児童の姿や様子はもちろん、数値の役割も大きいと思います。

本書の第1章の第5節に多くのエビデンスをお示ししましたが、「子どもの声」や「保護者の声」「職員の声」だけでは物足りない感じがした方も給食の残食率や自己他者肯定感、全国学力・学習状況調査の結果などは「おやっ」となりませんでしたか。

先生方が「感覚」として肌で感じる児童の姿や様子にプラスして数値による分析も積極的に取り入れてみてはどうでしょうか。

自校にあるデータを見直す

自校の数値のデータを見直してください。どの学校も全国学力・学習状況調査のデータはあるでしょう。これは、学力だけでなく、質問紙による自校の児童の学校生活や生活習慣まで見ることができます。また、昨今であれば教職員のストレスチェックもあると思います。

たとえば、学力を上げるために無理して「ビルド」したことの結果として、学力やその他の数値、教員のストレスチェックなどはどう変わっているのか検証してみてはどうでしょうか。

数値は一側面ではありますが、大切な一側面でもあるのです。もちろん、子どもの内面や学力、先生たちの思いは数値だけでは測れませんが、それは、数値として示されていることを真摯に受けとめないことの理由にはならないと思います。

本校では、「掃除」「あいさつ」「スリッパそろえ」「フリートーク」などに取り組みました。その結果、職員が「感覚」として肌で感じる児童の姿や様子、数値として示される「自己他者肯定感」によい変容が見られたので続けています。何年か取り組んで成果が出なければ、きっとほかの取組に変えていったと思います。

ビルドの結果をしっかり検証する

学校現場は、「ビルド」したことに対して検証をすることが多くはないような気がします。実際に本校もそうでしたし、本校に赴任する前にいた公立校でもそれを経験しています。それは、

「前からやっているから続けてやっている。」

「成果が出ないから、新たな取組として効果的な取組をしなければいけない。」

ということです。

そして、いままで取り組んできたことも新たに取り組んだことも、その効果は検証されずに「ビルド」を重ね、先生たちの業務もストレスも限界に達しているのではないでしょうか。

そのような状況でも子どもたちによい教育をしようとがんばっている先生たちが日

本全国にいるのです。精神的にも肉体的にも綱渡りのような状態だという方は少なくないように思えます。

改革をしなければならない、何かを削りたいと思っておられるのであれば、やめる前と後で何がどう変わったかを明確に示すことが必要だと思います。そのために、先生方の「子どもや職員を見る感覚」を大事にするとともに数値を利用してみてください。

外部の方に見ていただく

現在は学校運営協議会制度（コミュニティ・スクール）や学校評議員制度などで日常的に学校運営に一定の距離を持ちながら関わってくださっている方がどの学校にもいることと思います。そのような方に相談し、客観的に見ていただく、チェックしていただくことも大事だと思います。

たとえうまくいっていたとしても、中心になって進めている人間が、「大丈夫、うまくいっている。」

と言うよりも、外から見た方から、

「子どもが変わったね。」

「最近あいさつがよくなったよ。」

と言われるほうが、客観性という説得力があるのです。

『灯台下暗し』と言われるように、自分たちのことは案外見えないこともあるのです。ただし、見ていただく方の人選は大事だと思います。利害関係者ではない方はもちろん、多面的に見ることができる方がよいと思います。応援団は本当にありがたい存在です。

いまがチャンス

ここ数年、学校現場での働き方改革がマスコミを中心に話題になることが多くなりました。いまから20年以上前の話ですが、親戚のおじさんに、

「教員はいいよな。夏休みもあるし。毎日子どもと遊んどけばいいんだろう！」

みたいなことを言われたことがありましたが、いままでは、

「大変らしいなあ。新聞とかテレビでもよく話題になるよなあ。無理するなよ。」

などと言われるようになりました。

世論が話題にしてくれている、いまがチャンスです。エビデンスとして資料を示しながら周りの方に説明していくことをおすすめします。

（時松哲也・山田眞由美）

第4章

学校を変えるにはいましかない！

いまの職員室

ある研修会で「悩んでいる人を本当に救うのは勤めている職場学校の教員集団である」と講演したことがあります。

その講演会の後、懇親会で隣に座っていたある先生が、小声で「若手を救おうと思うと、自分も死んでしまう。だから、若手が死んでいくのを、可哀想だけどじっと見ているだけ。現場は、それだけ余裕がないいんですよ」と自嘲的に、悲しげに言っていいのです。これは、本当に衝撃を受けました。

その先生は、現場実践家として有名で、現場で実践研究を真面目にやっている人だったら知らない人はいないと思うレベルの方です。人柄のよさも折り紙付きです。その先生が、そのように語っていたのです。

私は顔には表さないようにしましたが、腰が抜けるほど衝撃を受けました。あの方でさえそうであるならば、若い人がノウハウ本にすがり、宗教のようにカリスマ教師の講演に参加する気持ちもわかります。悲惨すぎます。

この話をブログで紹介したら、別な先生から次のような書き込みがありました。

「指導力に問題がある先生は確かにいると思う。しかし、私がかかわってきた先生方を見ると、それほど悲惨な状況ではないと思います。きっと、周囲がそうさせているだけだと思います。自分で指導力がないと考えてがんばっていた同僚も、いまは一人でしっかりと教壇に立ち、立派な先生としてやっています。彼女を支えてきた教師の仲間達もいましたよ！

教師の指導力不足や若年教師、経験年数が少ない教師に対するフォローは大変貧弱なことも事実でしょう。初任者研修が本当に教師を育てる意味で生きているかも疑問です。でも、私の身近にいて、私もいろいろと成長にかかわった先生方はほとんど例外なく、多くの先生方に支えられて立派になっています。

若手や指導力不足の教師をフォローして育てると、ベテランも忙しくなりすぎて共倒れになるから見て見ぬふりをするという話は、信じがたい話です。たしかに若い世代と仲良くなることはエネルギーを必要とします。でも、その分エネルギーをもらえばいいだけの話です。結構楽しいです。ですから、必ず世話をする人が現れます。

困っている先生をそのまま見捨てるような学校は、病んでいます。指導力不足の先生のうち、なんとかしたいと考えている先生ならば、まったく大丈夫のような気がします。というか、周囲の力でなんとでもなると考えます」

私はこの書き込みに何か救われたように思いました。

このお二人の話をブログで紹介したら、別の先生から『言っていることは、わかるようだけど、私にはわかりません。彼の知っている学校は「病んで」いないのかもしれませんが、私の知っている学校は病んでいます。現実問題として、私はいま、困っている先生を助けずに溺れていくのを見ぬふりしています。「大丈夫？」とは言えることはあっても、一緒に考えたり、相談にのったりする時間はありません。正直言うと、こっちが聴いてほしい状況です。たまりにたまって教頭に話すと、教頭が私以上に苦しんでいることを知るのでした。とにかく病んでいるんです』という書き込みがありました。

本当に意味のある改革を進めるために

いまの日本の学校教育の現場では、多くの人がさまざまに働き方改革に向けての取り組みをしています。しかし、「教師は長時間労働をしてでも、子どものためによいことをしなければ」「部活はどんどんやるべきだ」という保護者や教師がいる状況のもとで、なかなか現場の改革が進まない状況が現実としてあります。

もしこのまま改革に時間がかかっていると、このままでは日本の教育は成り立ちません。教師がいなくなるからです。

全国の多くの教員、また、全国の保護者が求めているニーズは、いままで通りの教育です。それに反する改革をするのでは大反対が起こり、実現できません。学校はいまの子どもや保護者や教員の求めに応えなければならない。しかし、変化のない集団は緩慢に死にます。

一律にすべての学校を一挙に変えることは難しいことです。しかし、選択肢を増やすことはできます。大分大学教育学部附属小学校で行われたような改革があるということ、それは日本の学校教育の現場に、新しい選択肢が一つ生まれたということです。大分大学教育学部附属小学校のような革命は単純に広がりません。しかし、そこで実践した教師は新たな価値観と、その中での心地よさを知ります。その人たちが附属学校から全県の学校に異動していったときには、それを回りの人に伝え、同じような改革を推進する力になるでしょう。

早晩、担任がいなくて成り立たなくなる地域は生まれます。そうなったら、大分大学教育学部附属小学校のような改革をせざるを得ません。

例えば、部活は規模を縮小し、社会体育に移行するでしょう。部活命の教師は自宅近くの社会体育の指導者になるのです。登下校の見守りは地域が担当することになるでしょう。勤務時間外の外部からの電話には出ません。もちろん、担任教師の電話番語を保護者に伝えません。運動会、体育祭、修学旅行、遠足は原則廃止になるかもしれません。

当然、保護者や地域住民からの大反対が起こるでしょう。しかし、都道府県教育委員会が「嫌われ役」になって、粘り強く説明し、断行します。労働基準法の定めに則った処置なので、説明すれば多くの保護者や地域住民は理解します。十年も経てば新しい常識が定着します。

保護者や地域住民が最初は大反対したのと同じように、最初は教員の側からも大反対が起こります。「子どものため」という言葉を使いながら聖職論を振りかざす教師もいます。そのとき、大分大学附属小学校勤務経験者のような真の改革を知る人が頼りなのです。

この本を読まれた「あなた」がそのような一人になってほしいと願います。

（西川純）

あとがき

最後まで読んでいただきありがとうございました。

27年度からの改革を経て、見えてきたもの・実感させられたものがあります。

改革には「スクラップ&ビルド」が必要と言われます。特に「スクラップ」が重要で、何かをやめることなしに新しいことを「ビルド」し続けていったら、いつか破綻してしまいます。

しかし、学校の中にはビルドと前例踏襲の文化だけが根付いています。ビルドばかりの文化は、教員であれば何を差し置いてでも突き動かされてしまう「子どものために」というフレーズによって根付いてしまったのでしょうか。前例踏襲の文化は、先輩教員たちが培った「伝統」を斟酌しすぎたり、ビルドに次ぐビルドが招いた多忙により思考停止状態に陥ったりしたことで生まれてしまったのでしょうか。

学校それぞれで実情は異なるとしても、私たちの学校はこのビルドと前例踏襲の文化によって多くの不具合が生じ、苛まれていました。

いまこそ、ビルドからスクラップへ舵を切れるときです。「子どものために」スクラップに着手しましょう。前例踏襲ではなく本当に必要なものの洗い出しにつながると思います。また、限られた時間内でやるための工夫を出し合うことで質も上がっていくと思います。

学校に「空き容量」ができれば、先生方に自己研鑽へ向かう時間とエネルギーが生まれます。そもそも教育や授業について学ぶこと・語り合うことが大好きな日本の先生方にこそ、スクラップ（精選と効率化）による「空き容量」が必要です。学びに向かう（向かえる）先生方のエネルギーが溢れる学校であれば、子どもたちは着実に伸びていくことでしょう。

いま一度、この改革で大事にしたことをまとめてみます。

①使命とミッションの再確認。方針を明確にし、ベクトルをそろえた。
②組織を大胆に見直し、指揮系統を明確にした上で、さらに、チームとして教育活動に取り組んだ。そのことにより、先生一人ひとりの力をいかんなく発揮してもらえるようになった。
③「毎年していたから」などの理由による前例踏襲を見直し、本当に必要なものを質と効率を上げて取り組むことにした。選択と集中。この中で、不断の業務スクラップが行われ、働き方改革につながった。スクラップをかけた項目は50項目以上。18時45分完全施錠の学校へ生まれ変わった（令和元年度）。
④公に通用する（グローバルな社会で活躍できる）子どもを育成するために、まずは身近で当たり前なこと（挨拶・掃除・スリッパそろえなどの生活指導）を、全職員で、丁寧に徹底して指導していった。

これらのすべての土台となる部分を強固にしていったことで、外国語教育をはじめとした日々の授業改善がしっかりとその土台に乗っていったと考えています。

おかげさまで、本改革に対しての視察希望が増え、この間79団体、延べ１３６人の視察を受け入れることができました。加えて、この本の校正作業を進めている最中に、本校職員一同が令和元年度文部科学大臣優秀教職員表彰において組織部門で表彰されました。さらに、大分大学からは同内容で学長表彰を受けることとなりました。職員全員でひたむきに取り組んだことは確かですが、このように外部の方々、何よりも先生方全員のがんばりやチームとしての学校を評価していただいたことがとてもうれしく思います。

終わりになりますが、土谷陽史前々校長、河野雄二前校長、米持武彦大分教育事務所長、宮永尚前PTA会長、文部科学省総合教育政策局柳澤好治課長、大分大学教育学部古賀精治学部長・結城智己事務長・川嵜道広連携統括長・御手洗靖実習委員長には、大変ご多用のなかインタビューという形でお話しを聞かせていただきありがとうございました。皆さんのお話しを聞きながら、自分たちの歩みを振り返り、改めて価値付けをしたり今後の方向性を確かめたりすることができました。このような強力な応援団の方々の支えとご指南のおかげで進めることのできた改革だったと改めて実感しています。

また、学陽書房の山本聡子さんには、懇切丁寧にご指導をいただきながら粘り強く支えてもらいました。事実の羅列だけしかできなかった我々の文章を、読み手の心に届くように背景や関係者の熱量を盛り込んでいくよう的確な助言をいただきました。山本さんのご指導なくして原稿を書き上げることはできませんでしたし、改めてプロの編集者のずば抜けた構成力や凄味を実感しました。ありがとうございました。

そして、改革当初から本取組に注目していただき書籍化を強く勧めていただきました恩師・西川純教授に心より感謝申し上げます。

二〇二〇年二月

大分大学教育学部附属小学校校長
時松哲也

●執筆者紹介

著 者

大分大学教育学部附属小学校

校長　**時松 哲也**（ときまつ　てつや）

大学卒業後、民間企業で営業職に従事した後、教諭として大分県公立小学校勤務。

上越教育大学大学院学校教育研究科専門職学位課程（教職大学院）修了後、大分大学教育学部附属小学校へ。本校での学校改革・業務改善等の取組は、書籍・マスコミ等で紹介され、多くの学校、団体、議員等からの視察を受けるとともに、令和元年度には文部科学大臣優秀教職員表彰（組織部門）を受ける。

指導教諭　**山田 眞由美**（やまだ　まゆみ）

大分県内の公立小学校に採用され、平成24年から大分県の学力向上支援教員、平成25年から指導教諭として勤務。その後、平成27年より大分大学教育学部附属小学校初の指導教諭として赴任し、現在に至る。

平成27年度には国立教育政策研究所 教育課程研究センターより発行されている小学校国語科映像指導資料作成にも携わる。

毎日、往復120kmの道のりを元気に通勤している。

編 集

西川 純（にしかわ　じゅん）

1959年、東京生まれ。筑波大学教育研究科修了（教育学修士）。都立高校教諭を経て、上越教育大学にて研究の道に進み、2002年より上越教育大学教職大学院教授、博士（学校教育学）。前・臨床教科教育学会会長。全国に『学び合い』を広めるため、講演、執筆活動に活躍中。主な著書に『2030年　教師の仕事はこう変わる！』『教師がブラック残業から賢く身を守る方法』（いずれも学陽書房）、『『学び合い』で始めるカリキュラム・マネジメント』（東洋館出版社）、『みんなで取り組む『学び合い』入門』（明治図書出版）ほか多数（なお、西川に質問があれば、jun@iamjun.comにメールをください。誠意を持って返信します。真面目な方からの真面目なメールに対しては、誠意をもって返信します）。

仕事はここまで削減できる！
学校改革スタートブック

2020年3月24日　初版発行

大分大学教育学部附属小学校
著　者――――――時松《ときまつ》哲也《てつや》・山田《やまだ》眞由美《まゆみ》
編　集――――――西川《にしかわ》　純《じゅん》

発行者――――――佐久間重嘉
発行所――――――学 陽 書 房
〒102-0072　東京都千代田区飯田橋1-9-3
営業部――――――TEL 03-3261-1111／FAX 03-5211-3300
編集部――――――TEL 03-3261-1112
振替口座　00170-4-84240
http://www.gakuyo.co.jp/

ブックデザイン／スタジオダンク
イラスト／おしろゆうこ
本文DTP制作／越海辰夫
印刷・製本／三省堂印刷

ISBN 978-4-313-65402-0 C0037
乱丁・落丁本は、送料小社負担にてお取り替えいたします。
定価はカバーに表示してあります。